CADERNOS DE PESQUISAS MAÇÔNICAS

ENCONTRO NACIONAL

CADERNO 14

CADERNOS DE PESQUISAS MAÇÔNICAS

1ª Edição

Série: Encontro Nacional

Nº 14

Composto e Impresso:
Editora e Gráfica Cotação Ltda.
Rua Niterói, 90 – Fone (043) 325-1982
CEP 86026-040 – Londrina – PR

EDITORA MAÇÔNICA "A TROLHA" LTDA.
Londrina, setembro de 1997

CADERNOS DE PESQUISAS MAÇÔNICAS
DA

LOJA FRATERNIDADE BRAZILEIRA DE ESTUDOS E PESQUISAS "JUIZ DE FORA - MG"

1ª Edição – 1997

Editora Maçônica "A TROLHA" Ltda.
Rua Niterói, 90 – Fone (043) 325-1982
Cx. Postal 938 – CEP 86001-970 – Londrina – PR

FICHA CATALOGRÁFICA

C122 Cadernos de Pesquisas Maçônicas: da Loja de Pesquisas Maçônicas "Brasil". -- Londrina, Ed. Maçônica "A TROLHA", 1997.
194p.: il.; 20,2 cm. -- (Cadernos de Pesquisas Maçônicas, nº 14).

ISBN : 85-7252-037-6

1. Maçonaria – História – Brasil. I. Título.

CDD 366.10981
CDU 061.236.6(81)

Índices para catálogo sistemático:

1. Maçonaria – História – Brasil
   061.236.6(81) (CDU)
2. Brasil – Maçonaria – História
   (81)061.236.6 (CDU)

Índice

Apresentação

Aqui está o 14º Livro da Coleção Cadernos de Pesquisas Maçônicas, da nossa Editora e o 3º Livro da Loja "Fraternidade Brazileira de Estudos e Pesquisas". É mais uma Coletânea de magníficos Trabalhos, escritos pelos Irmãos do Quadro e Irmãos Correspondentes.

Quando criamos essa Coleção, foi mesmo com a finalidade de divulgar os Trabalhos de Irmãos, muitas vezes anônimos, que sempre escreveram para jornais e Boletins Maçônicos, ou simplesmente para ser lido em Loja, mas que nunca foram publicados em livros, com tiragem acima de 3.000 exemplares.

Essas Coletâneas abrangem os Assuntos mais variados. Estudos sobre temas de muito valor e de muita utilidade ao leitor.

Neste volume, mesmo, estamos apresentando Trabalhos extraordinários, de autores extraordinários, tais como – Ortega, Raimundo Rodrigues, Hércule Spoladore, Frederico G. Costa, Mário Gonçalves, e outros.

O Irmão que está lendo este volume, já deve ter dado uma olhada pelo Índice do mesmo. E o próprio Índice já fornece uma base para se aquilatar o valor e a variedade de Trabalhos ali inseridos. Nós, da Editora "A TROLHA", nos sentimos realizados, quando conseguimos realizar parte do nosso desiderato – divulgar autores já conhecidos e lançar autores novos. Cada novo autor que entra numa Coletânea nossa, é motivo de satisfação – pois estamos abrindo uma porta para um futuro escritor maçônico. É a primeira oportunidade que muitos não tiveram. Quantos talentos não estão perdidos por falta de uma oportunidade.

As Lojas de Pesquisas Maçônicas, as Academias, os Centros de Estudos estão, cada vez mais, cumprindo com sua Missão – que é Despertar os Maçons para a Cultura, para a Leitura, para o estudo sistemático de nossa Ordem.

Nenhum Maçom deixará a Maçonaria se conhecê-la em toda sua plenitude. Quanto mais se conhece essa Ordem, mais se tem vontade de conhecê-la profundamente; e isso só é possível através da Leitura, de muita Leitura.

A Coletânea é como um CD (Compact Disc) onde, entre 14 ou 18 músicas, algumas são mais fracas, despertam menos interesse – a Coletânea, também, traz alguns Trabalhos menos importantes que outros, mas dá ao Irmão a opção da escolha.

Os Editores
Londrina, setembro de 1997.

Conhece-te a ti Mesmo

(A Aplicabilidade da Filosofia Socrática à Maçonaria)

Irm∴ Raimundo Acreano Rodrigues de Albuquerque
Or∴ de São Paulo – SP

> *La Masonería tiene un **pathos**, una actitud vital, y posee también un **ethos**, una actitud ética. No es, sin embargo, una ciencia ni un sistema teológico o filosófico. Lo que ocurre es que las doctrinas filosóficas pueden estar más o menos próximas y ser más o menos congruentes com las ideas y con las actitudes propias de la Masonería.* LAFUENTE

O Grau de Aprendiz é personalístico e se estrutura, e se ergue sobre os alicerces de dois princípios filosóficos inquestionáveis: **conhece-te a ti mesmo** e **vence-te, se queres realmente vencer**.

O homem tem buscado sempre uma melhoria intelectual e, sobretudo, uma melhoria moral. Por isso é que no frontispício do Templo de Apolo, em Delfos, estavam inscritas várias máximas de desapaixonada sabedoria, entre as quais **gnothe seruton** (conhece-te a ti mesmo) e **meden agan** (nada em excesso). Foi dali que Sócrates tirou a máxima que serviria de base estrutural para sua filosofia. Daí por que a filosofia socrática é, talvez, a que esteja mais **afim** com a estrutura do Grau de Aprendiz.

Quando se estuda Sócrates, a primeira impressão que se tem é que ele procurou, antes de tudo, aprender a pensar. Aprendendo a pensar, aprendeu a conhecer, a discernir e a falar. Sócrates buscava descobrir-se a si mesmo para pautar um modo de vida que se coadunasse com a filosofia contida na máxima que ele escolhera. Daí a razão de ele usar sempre a linguagem do conhecimento. Explica-se, assim, o motivo de serem suas palavras claras, translúcidas, alcançando com facilidade a mente de quem o escuta. Aprendendo a pensar, ele insinua métodos que facilitam a busca, a procura, investigação, o ponto exato de chegada.

E neste vaivém do pensar, neste vaivém da busca, da investigação, ele chega às raias da genialidade, alcança aquele estágio máximo que poderia ser alcançado por um ser elementar, imperfeito, finito: o homem.

Com Sócrates, se aprende que a busca do conhecimento leva ao alcance da linguagem da realidade, que leva ao ser. E é certo que, na luta em busca da atividade teórica, se alcança, através do conhecimento, a atividade prática.

Conhecer é descobrir o ser, por isso é que o conhecimento significa o nascimento do ser. A **Iniciação** projeta o "nascimento do ser-homem". Até ali, o **homem-iniciando** sofre da cegueira de que padece o exotérico.

Ao transpor os umbrais de um Templo Maçônico, o candidato à Iniciação ainda está preso a uma série de injunções que lhe tiram, muitas vezes, a liberdade de ver claramente o que se passa dentro de si mesmo. Por isso é que, envolto em trevas, ele pede a luz. Quando a luz lhe é concedida, ele tem nas mãos os meios e os modos de se libertar da escuridão que o envolvia até ali. Pela Iniciação Maçônica, o Neófito renasce, voltando ao seu estágio de pureza natural. Ele passa a visualizar o ser.

Há dois tipos de visualização do ser. Existe a visualização com o olho material e existe a visualização com os olhos do pensamento, usando a lente da inteligência. "Que a LUZ seja dada ao Neófito"! É a partir daí que o homem-Maçom inicia a visualização com **o olho** do espírito. Ele passa a ser **esotérico**, isto é, **o de dentro**. É neste instante que ele começa a perceber a grande diferença que há entre **olhar** e **ver**. Aqueles que só usam os olhos materiais, esses tais são os eternos inimigos dos **sócrates**; os outros, os Iniciados, esses se transformarão nos sócrates da razão, da inteligência e da verdade.

Sócrates sabe o que é objetivo e o que é subjetivo. Sabe que tudo se relaciona ao ser. Talvez que o ser não passasse apenas de uma referência quase imperceptível do pensamento. Sócrates não aceita isso. De pergunta em pergunta, isto é, de busca em busca, ele consegue posicionar o ser em face do mundo, assim como posiciona o mundo em face do ser.

O pensamento do Aprendiz não deve parar no que descobre, deve sempre partir em busca de outras metas, de outros conhecimentos. E o Aprendiz verá que o pensamento adivinha outras belezas que o conhecimento não havia ainda determinado e verá que o pensamento se auto-afirma, se autodetermina no desconhecido que ele busca. O pensamento que busca é sol derramando luz, produzindo vida, consubstanciando riquezas. Assim, o pensamento do Aprendiz-Maçom deve buscar sempre e por toda a parte a presença do ser na realidade da existência.

E é buscando, e é lutando que a **Pedra-Bruta** vai sendo desbastada. "Uno de los simbolismos propios de la Masonería, el de la conversión de la 'piedra bruta' en la 'piedra labrada', se basa en una lucha progresiva por el dominio de si mismo, por la puesta bajo el control del Ego o Yo de todas nuestras tendencias inferiores... Al conseguir que nuestro Yo objetivo tenga el dominio de nuestro comportamiento, nos hacemos plenamente libres y responsables, aumenta nuestra racionalidad ética y asciende, con ello, el nivel efectivo de **ser** en el ser humano"(1).

Se alguém busca é porque deseja encontrar. O Aprendiz-Maçom procura e encontra, aprende e apreende, agarra e domina o ser. Sabe que dominando o tempo do ser ganha e perde, pois essa busca do aprender nada mais é que o ganha e perde do ser. Daí por que a filosofia nada mais é, como dizia Platão, "o conhecedor racional adquirido através do método dialético".

> *Conhece-te a ti próprio, aí está um preceito que não tem nem em si mesmo, nem no pensamento daquele que o proclamou primeiro, a significação de um simples conhecimento de si próprio, isto é, de um conhecimento de aptidões, do caráter, das tendências e das imperfeições do indivíduo, mas de um conhecimento do que há de essencialmente verdadeiro em e para si, isto é, a própria essência enquanto espírito*(2).

Se é obrigação do homem comum partir em busca de conhecer a si mesmo, muito maior é a responsabilidade do Aprendiz-Maçom, porque sem esse conhecimento ele dificilmente adquirirá outros.

O conhece-te a ti próprio nos formula uma filosofia ímpar que nos leva à conclusão de que se nós, os Maçons, não buscarmos o conhecimento de nós mesmos, isto é, se não nos propusermos escutar o nosso interior, esmiuçar o nosso espírito com o fito de melhorá-lo, com a intenção de aperfeiçoar nosso intelecto, de não projetar em

---

(1) Lafuente, F. Espinar – Esquema Filosófico de la Masoneria – Ediciones Istmo, Madrid – 1981, p. 94.

(2) Brun, Jean – Sócrates – Lisboa – 1984, p. 77.

nós mesmos uma melhoria moral, não estaremos cumprindo aquilo que a Arte Real exige de nós.

Só o conhecimento próprio, buscado humildemente e sem subterfúgios, é capaz de fazer com que o Maçom descubra as suas imperfeições, o que se tornará muito mais fácil se o seu espírito já se houver apossado de algumas idéias filosóficas.

Por tudo o que foi dito, pode-se verificar que também o 1º Grau está, todo ele, impregnado da filosofia desse homem extraordinário que foi Sócrates.

Bibliografia de apoio

Adorno, Francesco – Sócrates – Edições 70 – Lisboa – 1986.
Brun, Jean – Sócrates – Publicações Dom Quixote – Lisboa – 1984.
Wolff, Francis – Sócrates – Ed. Brasiliense – São Paulo – 1987.
Morente, M. G. – Fundamentos de Filosofia – Ed. Mestre Jou – SP – 1976.
Palou, J. – La Franc-Maçonnerie – Payot – Paris – 1964.
Châtelet, F. – Platon – Editions Gallimard – Paris – 1965.
Durant, W. – História da Filosofia – C. Ed. Nacional – São Paulo – 1938.
Ritual do Aprendiz Maçom – Grande Loja Maçônica do Estado de S. Paulo – 1987.

Homem, Maçonaria, Humanidade, Espiritualidade

Irm.·. Vidigal de Andrade Vieira
Loj.·. "Carangola Livre", Nº 098
Or.·. de Carangola – MG

I – INTRODUÇÃO

O presente trabalho se inicia com a primeira e básica questão que se coloca ao profano, quando do seu interesse em ingressar na Maçonaria: Por que pretendeis ingressar na Maçonaria? Questão esta que várias vezes lhe é repetida durante o Cerimonial de Iniciação: Persistis em entrar para a Maçonaria? Se a dissimulação aqui lhe conduz, retira-te. O que na verdade se está perguntando e é fundamental que seja respondido afirmativamente, é se o profano deseja participar do Encontro, do Diálogo Maçônico, através da Comunhão de Idéias e Ideais de práticas fraternas e espirituais.

Essa questão básica será discutida e analisada ao longo das exposições e retomada por ocasião da conclusão, questionando os motivos que levariam uma pessoa a procurar ingresso em uma instituição como a Maçonaria, sem que se tenha um conhecimento prévio e profundo sobre a mesma? Naturalmente que, e isso é bastante desejável em nossa ordem, só se tem acesso à Iniciação se apresentado por um seu conhecido e amigo, já Iniciado, que lhe deve explicar os objetivos pelos quais se reúnem os Maçons, ao mesmo tempo em que esse Irmão se torna seu padrinho e responsável, devendo orientá-lo e assessorá-lo em sua trajetória maçônica. Novamente verificamos aqui a importância do Encontro, através do relacionamento fraterno e sadio, para o crescimento pessoal e coletivo da instituição maçônica.

II – DESENVOLVIMENTO

É bastante freqüente a pergunta por profanos, embora essa mesma dúvida permaneça entre muitos Iniciados, sobre o que é Maçonaria. Comumente se responde que é uma Instituição Filosófica e Progressista, que visa o Engrandecimento Humano. Pessoalmente achamos ser uma resposta vaga e de ambíguas interpretações, uma vez não possuir explicações objetivas e práticas, apesar de a Maçonaria utilizar-se de imagens e Símbolos como forma maior de orientação e comunicação de seus significados, uma vez que nem todos conseguem assimilar e, portanto, praticar.

O Homem, desde que confrontado com o imediatamente inexplicável à luz dos sentidos e da razão, sente-se perdido, fragilizado, impotente e imóvel, à mercê do fenômeno que o paralisa e domina, regredindo-o à Idade dos Mitos e da insegurança da infância. Na modernidade, também encontramos os mitos, que apenas modificaram a sua roupagem, o cenário e o texto, bastando simplesmente observar-se a ideologia capitalista, com seus desníveis e estratificação de classes, o apego ao individualismo exacerbado, com recorrência aos deuses-fetiches da mídia, do marketing e do culto ao corpo-sexo, do imediatismo-consumismo-status. Portanto, encontramos na mitologia antiga como nos tempos atuais, o Homem passivo e manipulado por forças poderosas (os deuses e o seu desejo inconsciente), que o escraviza e aliena.

E é exatamente neste momento de cisma e desencontro consigo mesmo e com outros homens, que verificamos a necessidade e a possibilidade do seu retorno à lucidez humana. Mas, para tal ocorrência, torna-se imperiosa a reflexão e a consciência de todo esse processo alienante, para se vislumbrar uma saída de reconstrução e estruturação física, psíquica e espiritual. Como acreditamos que a Maçonaria pode contribuir decisivamente para esse propósito de reumanização do Homem, mesmo que sejamos tidos como idealista, vamos desenvolver o presente trabalho em correlações maçônicas com outras áreas do conhecimento humano, tidas como primordialmente científicas. Inicialmente serão apresentadas passagens de Rituais da Maçonaria Simbólica (Graus de Aprendiz, Companheiro e Mestre), onde se percebe a inserção do Homem no contexto das Relações Interpessoais para, posteriormente, apresentar essa mesma preocupação com o destino da humanidade expressa em literaturas científicas.

Desde os primeiros dias de seu nascimento, o bebê assume um papel ativo em sua interação com o mundo externo (Gomide, sd).

Com pouca competência motora tem, no entanto, sistema de sinalização social muito eficiente que asseguram a proximidade das pessoas que cuidam e com ele promove interação. Segundo Darwin (1872), o sorriso é um dos sinais mais poderosos da espécie humana pelo seu alto valor de sobrevivência, pois produz e mantém a proximidade da mãe junto à criança. O sorriso do bebê produz alegria no adulto, que conversa mais com ele, atende melhor às suas necessidades de fome, conforto, frio etc. Sendo o bebê totalmente indefeso e dependente, tem no sorriso um instrumento poderoso de aproximação e manutenção do adulto junto a si. Além do sorriso, as próprias características estruturais do rosto e do corpo do bebê são estímulos capazes de desencadear sentimentos ternos e protetores nos adultos.

O Homem possui um repertório universal de movimentos expressivos, que permite a comunicação a despeito de barreiras culturais e lingüísticas. Os movimentos expressivos estão associados a estados emocionais: alegria, tristeza, surpresa, raiva, medo e nojo. Através de sua exibição os outros são capazes de inferir a emoção sentida por uma pessoa e o seu comportamento futuro. A expressão das emoções é essencial para a vida, pois tais expressões comunicam como o indivíduo, seja ele homem ou animal, se sente, e contribui para a regulação das interações sociais.

Segundo Lorenz (1966), o riso desenvolveu-se provavelmente por ritualização, a partir de um movimento de ameaça reorientado e tem o efeito de fazer imediatamente nascer entre os participantes, um forte sentimento de camaradagem, associado a uma ponta de agressividade, contra os que não fazem parte do grupo. Portanto, o riso, aparentemente uma atividade biologicamente supérflua, transforma-se num mecanismo importante e necessário para promover desenvolvimento cognitivo e emocional e promover aproximação e encontro entre indivíduos.

Em Rocha (1993 a), no Ritual do 1º Grau – Aprendiz Maçom do Rito Brasileiro, na parte da instrução do Grau, nº 6 – A Doutrina do Grau, encontramos a definição de que "A Maçonaria é uma associação de âmbito universal, que propugna pelo aperfeiçoamento moral, social e intelectual do Homem, sem distinção de raça, crença ou nacionalidade. É o Símbolo da Fraternidade Humana Fundamentada na Tolerância, não concebe que nenhum Homem ou Corporação tenha o direito de tornar obrigatória para outrem, a sua interpretação pessoal da verdade".

Em Rocha (1993 b), no Ritual do 2º Grau – Companheiro Maçom do Rito Brasileiro, encontramos que "O Grau de Companheiro do Rito Brasileiro é consagrado à exaltação do trabalho construtivo e ao estímulo da solidariedade maçônica. Ambos são iluminados pelo Sentimento Superior da Espiritualidade emanado da Estrela Radiante". Na parte dos Preceitos Constitucionais do Rito Brasileiro, verificamos que "O Rito Brasileiro dedica-se ao Aperfeiçoamento dos Maçons, coaptando a Tradição com a Evolução. Especializa-se no cultivo da Filosofia, Liturgia, Simbologia, História e Legislação Maçônicas, e estuda todos os grandes problemas Nacionais e Universais, com implicações ou conseqüências no futuro da Pátria e da Humanidade".

Em Rocha (1993 c), no Ritual do 3º Grau – Mestre-Maçom do Rito Brasileiro, encontramos nos Preceitos Constitucionais do Rito Brasileiro que "Em toda a ensinança do Rito Brasileiro, sobretudo nas Cerimônias Iniciáticas, estarão sempre presentes os Símbolos da Construção Universal, para manutenção e vivência da Tradição Milenária e Esotérica da Maçonaria. A Vida Reta e o Espírito Fraterno são exigências absolutas para o ingresso e permanência do Maçom, como membro em qualquer Oficina Litúrgica do Rito Brasileiro". E, na Dedicação do Grau, encontramos que "O Grau de Mestre, em sua significação superior, consagra o Princípio de que a Vida nasce da Morte, e é sempre ressurrecta pelos Cinco Pontos da Perfeição. Em sua acepção direta exalta o cumprimento do dever, com o sacrifício da própria vida".

Também encontramos como Preceitos Constitucionais do Rito Brasileiro, o seguinte: "O Rito Brasileiro é Teísta, afirma a crença em um Deus Criador, proclama a Glória do Supremo Arquiteto do Universo e a Fraternidade dos Homens, filhos do mesmo Pai. Acata os Landmarks e os demais princípios tradicionais da Maçonaria. E, nas Lojas Simbólicas do Rito Brasileiro estarão sempre presentes a Constituição do Rito e as Três Grandes Luzes: O Livro da Lei Sagrada, o Esquadro e o Compasso. O Rito Brasileiro compõe-se de Maçons Antigos, Livres e Aceitos, e considera essenciais ao Quadro da Loja, a assiduidade às Seções e a disciplina livremente consentida..."

Também encontramos no mesmo Ritual que "o Grau de Aprendiz-Maçom é consagrado à Fraternidade Humana, exemplificada na União dos Irmãos". Na parte do Ritual destinada à Disposição e Decoração do Templo, encontramos várias referências a relação da

Maçonaria com o aprimoramento pessoal e coletivo do Homem, tais como: "A Sociedade de Maçons, como organismo de construção moral, social e especulativa, chama-se Loja. Templo é o local onde os Maçons se reúnem e Quadro é a nominata dos membros da Loja".

O Templo Maçônico exige o maior acatamento dos Obreiros. O que se permite na Sala dos Passos Perdidos é nele rigorosamente proibido. O Templo não pode jamais servir de ponto de reunião, nem mesmo permanecer aberto. É um lugar de veneração e culto, porque recebeu as Luzes da Sagração.

O Teto de uma Loja do Rito Brasileiro é azul e demonstra a Universalidade da Maçonaria.

A Câmara das Reflexões é o local onde é recolhido o profano antes de ser introduzido no Templo, conduzindo o candidato ao interior da Terra, onde fica encarcerado, como os pensamentos ficam sepultados no íntimo de sua alma. E, com isso, ele fica convidado a investigar a profundidade de seu Ego, para descobrir seus defeitos e suas qualidades. Nesta mesma Câmara das Reflexões encontramos caracteres, inscrições e objetos específicos, que devem ocasionar no candidato um aprofundamento e uma ampliação de sua consciência, como Homem e Ser Humano, culminando com a apresentação do Testamento Moral e Filosófico e ou Compromisso de Aliança.

Também encontramos o processo de Telhamento para Irmãos Visitantes, onde se verifica, através das respostas, a preocupação com a Evolução Humana: "O que trazeis? Amizade, Paz e Prosperidade a todos os meus Irmãos. O que se faz em vossa Loja? Levantam-se Templos à Virtude e cavam-se Masmorras ao Vício. O que vindes aqui fazer? Vencer as minhas Paixões, submeter a minha Vontade e fazer novos Progressos na Maçonaria.

No Cerimonial da Cadeia de União deparamo-nos com uma ênfase bem maior no valor da Espiritualidade Maçônica, assim descrita: "A Cadeia de União normalmente se realiza para a recepção da Palavra Semestral e ela simboliza a Fraternidade Maçônica e afirma que os Irmãos constituem uma só Família. O Venerável Mestre porém, poderá realizá-la sempre que entender necessária a formação de uma Unidade Espiritual em torno de um objetivo nobre, de conhecimento e interesse da Loja. Não é uma Cerimônia inútil e vã. Quando entre si se estreitam as mãos dos Irmãos, cresce o valor do Grupo Humano, sempre maior que a simples soma aritmética dos seus componentes".

E, "Um dos ideais do Rito Brasileiro é fazer com que os Maçons sirvam ativamente à Humanidade, através da Pátria onde nasceram ou onde se acolhem".

De forma bastante sucinta e objetiva concluímos essa informação inicial sobre a relação do Homem com a Maçonaria e com o seu aprimoramento moral, social e espiritual. Passaremos agora a relacionar a importância do Diálogo, do Encontro e das Relações Interpessoais dos Homens, no campo das ciências. Para tanto utilizarei alguns conceitos do trabalho de Vieira (1994) como embasamento teórico.

O meu interesse por questões humanas e sociais remonta à minha infância, no interior de Minas Gerais, com uma busca permanente sobre novos conhecimentos acerca do Inter-Humano na Psicologia, Filosofia, Antropologia e Sociologia. Portanto desde que o Homem se percebeu e se sentiu social, que as relações com os outros Seres Humanos tornaram-se um paradoxo existencial: ao mesmo tempo em que busca sua indiferenciação e independência como indivíduo, surge a imperiosa necessidade de construir-Se através de trocas e relações com os Outros, pela incorporação da cultura, educação e relações sociais.

E todas as ciências (biológicas, humanas, sociais e exatas) encontram-se constantemente sendo colocadas à prova, frente a novos desafios que lhes cobram respostas e resultados a respeito da origem e do destino dos Homens. E essa preocupação perpassa a trajetória histórica da Humanidade, através dos seus ideais e projetos de vida individuais e coletivos.

Ao se trabalhar com o Inter-Humano na Filosofia, ela nos fala da experiência interior, de uma intrínseca necessidade da busca e do encontro, uma necessidade vital para se alcançar a individualidade e a transcendência, pois desde que o Homem conseguiu perceber que pensava e sistematizou esse pensamento, inerente a esse ficou evidente a percepção da necessidade da presença do Outro para a construção do seu Eu.

Com a Psicologia, através da observação de condutas e comportamentos humanos, verifica-se o movimento natural e espontâneo, desde os primórdios da vida, de se ir ao encontro de se buscar o Outro (relação bebê-mãe). Tanto assim é que o isolamento e o abandono na infância produzem seqüelas e patologias irreversíveis, com drásticas conseqüências para a personalidade adulta.

A abordagem do Inter-Humano na Medicina enfatiza a preocupação atual com a Ética Profissional, os Erros Médicos e as Relações Médico-Paciente, uma vez que somente quando o indivíduo sente-se tratado com respeito e atenção, poderá favorecer a relação de ajuda e facilitar o seu próprio restabelecimento.

As Ciências Exatas passam por um período de redefinição de seus principais conceitos, até então inquestionáveis e invioláveis. A elaboração de novos prismas e paradigmas do que seja ciência e verdade, está revolucionando os meios acadêmicos, abrindo possibilidades para a presença do Humano como valor digno de ser desenvolvido e preservado.

III – CONCLUSÃO

O que se pretende ressaltar com o presente Trabalho é que a Maçonaria, por ser uma Instituição Progressista, Filosófica e Evolutiva, e até por causa disso promove, aprofunda e intensifica o Encontro Relacional entre Seres Humanos: "Oh! Como é Bom e Agradável viverem Unidos os Irmãos", através da Liberdade de Escolha, da Igualdade entre os Homens e da Fraternidade entre os Irmãos. Na Verdade, de forma inconsciente, agora explicitado e conscientizado depois desses questionamentos, quando nós Maçons nos reunimos, em nome do Grande Arquiteto do Universo, e cumprimos uma de suas máximas: "Amai-vos Uns aos Outros", na verdade também estamos proporcionando a nossa cota de participação para o desenvolvimento, engrandecimento e evolução da Espécie Humana, intrinsecamente gregária e solidária por natureza: O Diálogo e o Encontro Autênticos, que proporcionam segurança, proteção e identidade a cada um dos Irmãos. Por isso, importante se faz ressaltar o verdadeiro "Ganho" em ser Maçom, presente nos relacionamentos fraternos e autênticos que a Ordem Maçônica proporciona àquele que realmente encontra-se despido de vaidades e aparências, buscando "Trabalhar na Pedra Bruta, cavar Masmorras ao Vício e erigir Templos à Virtude".

IV – Bibliografia

GOMIDE, Paula Inêz Cunha. SORRISO: Um Indicador de Felicidade. Universidade Federal do Paraná: Curitiba, s.d., texto fotocopiado.

ROCHA, Lysis Brandão (org). Ritual de Maçons Antigos, Livres e Aceitos – Grau de Aprendiz Maçom, segundo o Sistema do Rito Brasileiro. Belo Horizonte, 1993 a.

______Ritual de Maçons Antigos, Livres e Aceitos – Grau de Companheiro Maçom, segundo o Sistema do Rito Brasileiro. Belo Horizonte, 1993 b.

______Ritual de Maçons Antigos, Livre e Aceitos – Grau de Mestre Maçom, segundo o Sistema do Rito Brasileiro. Belo Horizonte, 1993 c.

VIEIRA, Vidigal de Andrade. O Inter-Humano em Evidência. Trabalho de conclusão de Especialização em Filosofia, realizado na Universidade Federal de Juiz de Fora, 1994.

Dos Livros Maçônicos e dos Obreiros da Loja Simbólica "Acácia Viçosense"

Irm.˙. Milgar Camargos Loureiro[1]
Or.˙. de Viçosa – MG

INTRODUÇÃO

São transcorridos 278 anos da existência da Maçonaria Operativa e, neste período, milhares de obras foram produzidas contra ou a seu favor. Aslan (1981) menciona que... "se agora as calculamos em 80.000 não estaremos longe da verdade. Mas, apesar de tantos livros a seu respeito, nem por isso a Maçonaria deixou de ser a "Grande Desconhecida"...

Earl K. Dille Jr., citado por Prober (1994), calcula que menos de 10% dos Maçons americanos passam os olhos em publicações maçônicas e que os editores de livros maçônicos informam que menos de 5% dos Maçons compram um (1) livro... "Mas se isto acontece num país altamente alfabetizado, o que diremos do Brasil? (Prober, 1994). Este autor, após considerações sobre o tema, conclui: ... "Provado está, portanto, sem qualquer resquício de dúvida, que o MAÇOM NÃO GOSTA DE ESTUDAR, estudar que é sinônimo de LER e muito menos de escrever. Agora, POR QUE NÃO LÊ? ... Bem, isto é outra história e faço votos que cada um consiga responder esta pergunta indiscreta, pelo menos a si mesmo..."

Spoladore (1995) é enfático ao afirmar ... "A maioria dos Maçons não lê sobre a Ordem".

As afirmações destes autores levou-nos a fazer uma AMOSTRAGEM PRELIMINAR do número de livros maçônicos que os Obreiros

(1) Mestre Maçom, fundador desta Loja.

da Loja Simbólica "Acácia Viçosense", nº 1808, Oriente de Viçosa, MG, possuem ou leram. Os dados obtidos por esta amostragem dar-nos-ão, apenas, subsídios para uma avaliação quantitativa desta questão aventada por Aslan (1981), Prober (1994) e Spoladore (1995).

MATERIAL E MÉTODO

O universo desta amostra constituiu-se de 38 Obreiros da Loja Simbólica "Acácia Viçosense" (LSAV), os quais responderam itens de um questionário, durante o mês de julho de 1995.

Idade Maçônica. Neste trabalho, a idade maçônica, expressa em anos, de um Obreiro é o resultado de sua idade atual menos sua idade quando da iniciação

$I_m = I_a - I_i$ I_m = idade maçônica
I_a = idade atual
I_i = idade quando da Iniciação

Qualificação Etária (Q.E.). Não encontramos na literatura maçônica consultada (Oriente de Viçosa e no Grande Oriente do Estado de Minas Gerais, em Belo Horizonte) indicação de qualificação de Loja quanto a idade de seus Obreiros. Provisoriamente, propomos uma QUALIFICAÇÃO ETÁRIA de Loja, baseada na média de idade atual dos Maçons ativos ($I_a \bar{X}$), com intervalo de classe de 10 anos

QUALIFICAÇÃO ETÁRIA	INTERVALO DE CLASSE
Júnior	21 a 30
Senior	31 a 40
Matura	41 a 50
Provecta	51 ou mais

Coeficiente de Leitura (C.L.). Também, propomos 4 intervalos de classes, correspondentes a níveis de leitura, calculados pela relação:

$C.L. = L_m / I_m$ C.L. = Coeficiente de Leitura
L_m = Quantidade de diferentes livros maçônicos lidos
I_m = Idade maçônica de Obreiro

Coeficiente de Leitura	Níveis de Leitura
1,9 ou menos	Sofrível
2,0 a 2,9	Regular
3,0 a 3,9	Ótimo
4,0 ou mais	Excelente

As estimativas foram calculadas segundo Lison (1958) e Southwood (1971)

$$\bar{x} = \frac{\sum x}{n}$$

$$s = \sqrt{\frac{\sum x^2 - \frac{(\sum x)^2}{n}}{n-1}}$$

$\bar{X}$ = média
x = variável
n = número de variáveis
s = desvio padrão

RESULTADO E DISCUSSÃO

Os resultados obtidos, através das respostas do questionário, encontram-se discriminados nas tabelas 1 a 4 e nos gráficos 1 a 5. Dos Obreiros da Loja Simbólica "Acácia Viçosense" (LSAV) 86,4% responderam ao questionário e, também, 4,4% deixaram alguns quesitos em branco.

Qualificação Etária. A média de idade atual ($I_a \bar{X}$) de 48,91 anos dos Obreiros da LSAV (Tabela 1) lha imputam uma Q.E. = Matura.

Nível de Leitura. Admitimos que a leitura de 2 diferentes livros maçônicos por ano dê ao Maçom N.L. = Regular. Neste caso, L_m será diretamente proporcional a I_m. Futuramente, pesquisas quantitativas do hábito de leitura de livros maçônicos dar-nos-ão meios de: a) usar um redutor na fórmula para adequá-la às idades maçônicas mais avançadas ou b) utilizar-se de outras variáveis para medir N.L.

Idade. Na literatura compulsada não há dados que permitam uma comparação das idades atuais, quando da Iniciação e maçônica dos Obreiros de diferentes Lojas. A média de idade quando da Iniciação ($I_i \bar{X}$), dos Obreiros da LSAV é de 38,4 anos. Somente 15,8% dos Maçons da LSAV iniciaram com menos de 29 anos (Tabela 1). Atualmente, essa Loja apresenta um intenso processo de admissão de Obreiros, visto que 28,9% dos Maçons de seu quadro são Aprendizes (Tabela 3). Seria oportuno que a administração desta Loja considerasse o aspecto de se incentivar ou não Iniciações de pessoas com idade entre 21 e 30 anos.

A média de idade maçônica ($I_m \bar{X}$) de 10,8 anos se deveu, em grande parte, a I_m = 48 anos de um Obreiro, pois 39,5% dos Maçons desta Loja têm I_m entre 1 e 5 anos (Tabela 2).

As respectivas variâncias (s^2) de idades, sendo maiores que suas médias, indicam a dispersão de idade em aglomeração (Southwood, 1971). Tal fato torna-se demonstrável no tocante a idade atual (I_a) na faixa de 40 a 49 anos com 50% dos Obreiros, na idade quando da Iniciação (I_i) na de 30 a 39 anos com 44,7% dos Obreiros (Tabela 1) e idade maçônica (I_m) na de 1 a 5 anos com 39,5% dos Obreiros (Tabela 2).

Nível de Instrução. No Oriente de Viçosa encontra-se a Universidade Federal de Viçosa, de alto prestígio internacional advindo da qualidade de suas pesquisas, ensino e extensão. Esta situação é reflexo da excelente qualificação de seu corpo docente. Os 76,3% dos Obreiros desta Loja, com nível superior (Tabela 3), exprimem esse estado de Loja de um Oriente universitário.

Orientação para Leitura e Aquisição de Livros Maçônicos. Dos Maçons do Quadro desta Loja, 68,4% tiveram esta orientação através de Obreiros da própria Loja, 2,6% por Obreiros de outra Loja e 28,9% ainda não tiveram esta orientação (Tabela 4).

Último Livro Maçônico Lido. Dos Obreiros desta Loja, 52,6% leram um (1) livro maçônico no mês precedente a esta pesquisa, e 73,6% o fizeram no primeiro semestre de 1955. Somente 1 Obreiro ainda não leu livro maçônico (Gráfico 1). Estes dados evidenciam que as afirmações de Aslan (1981), Prober (1994) e de Spoladore (1995) não são adequadas aos Maçons da LSAV. Também, esses autores, de ilibada reputação e de notório saber maçônico, nos seus respectivos Trabalhos não apresentam bibliografias que indiquem ao leitor informações sobre a matéria por eles tratada.

Último Livro Maçônico Comprado. Dos Obreiros desta Loja 27,8% adquiriram livros maçônicos no mês precedente a esta pesquisa, 66,7% nos 6 meses antecedentes e somente 5,6% ainda não compraram livros maçônicos (Gráfico 2).

Livros Lidos em 1994. Dos Obreiros da LSAV, 44,7% leram mais de 4 livros maçônicos no ano passado, 47,4% leram de 1 a 3 e somente 7,9% não leram (Gráfico 3). Esses dados refutam as afirmações de Aslan (1981), Prober (1994) e de Spoladore (1995).

Vida Maçônica e Livros Lidos. A quase totalidade, 97,3% dos Obreiros da LSAV, leu 1 ou mais livros maçônicos durante suas respectivas vidas maçônicas (Gráfico 4), enquanto... "menos de 10% dos Maçons americanos passam os olhos em publicações maçônicas" (Prober, 1994).

Livros Maçônicos Comprados. A metade dos Obreiros da LSAV comprou 6 ou mais livros maçônicos, 47,4% compraram de 1 a 5 e somente 2,6% especificamente um Mestre Maçom, ainda não comprou livro maçônico (Gráfico 5). Tais fatos evidenciam que, enquanto menos de 5% dos Maçons estadunidenses compram 1 livro maçônico (Prober, 1994), na Loja Simbólica "Acácia Viçosense", 97,2% dos Obreiros adquiriram, 1 ou mais.

Para que o hábito de leitura maçônica se torne corriqueiro entre os Obreiros, mister se faz que a literatura maçônica seja acessível ao universo maçônico. Todavia, dentre algumas barreiras que dificultam o acesso às obras maçônicas constata-se:

a) Dificuldade ou inacessibilidade às obras maçônicas. As livrarias das cidades interioranas mineiras, com raríssimas exceções, têm livros maçônicos à disposição do público. Este, na maioria das vezes, adquire obras diretamente de livrarias das capitais estaduais ou via Correios e Telégrafos.

b) Dificuldade ou inacessibilidade das obras de referências. Tais como as de Benimelli (1978), Neves (19—) e Prober (1982).

c) Carência de bibliografia adequada. Na maioria dos livros e dos artigos de periódicos, a bibliografia contém referências bibliográficas incompletas, não permitindo a identificação ou localização da obra citada. Noutros livros e artigos nem bibliografia apresentam, apesar das razões pelas quais se devem incluir referências bibliográficas no corpo do trabalho maçônico, tais como:

- Indicar ao leitor onde encontrar mais informes sobre a matéria;
- Dar o crédito que merecem outros autores que trabalharam no mesmo assunto;
- Estabelecer prestígio pessoal e dar autoridade ao trabalho, demonstrando que a literatura sobre a matéria foi consultada e estudada;
- Evitar suspeita de que a matéria seja copiada.

d) Qualidades e quantidade de editoras. Das que publicam livros maçônicos, somente no Brasil, o seu número ultrapassa a três dezenas. Algumas editoras não fazem constar em seus livros o ano de suas respectivas publicações.

e) Inexistência de normalização das referências bibliográficas. Tal fato é corriqueiro entre diferentes periódicos, entre artigos constantes de um mesmo periódico, entre livros publicados pelas editoras nacionais e, até nos de uma mesma casa publicadora.

f) Bibliotecas maçônicas. Na literatura consultada não se encontrou dados relativos a quantidade e qualidade destas bibliotecas.

CONCLUSÕES

Na literatura consultada no Oriente de Viçosa e no Grande Oriente de Estado de Minas Gerais, em Belo Horizonte, não se constatou dados que permitissem comparações de diferentes Lojas mineiras no tocante a:

- Idade atual dos Maçons, quando da Iniciação e da maçônica;
- Instrução dos Maçons quanto ao último grau escolar concluído;
- Número de livros maçônicos que os Obreiros possuem, que leram durante suas respectivas vidas maçônicas e o tempo decorrido após a aquisição do último livro maçônico.

O autor, provisoriamente, propõe 4 níveis de QUALIFICAÇÃO ETÁRIA (Q.E.) de Lojas, baseados na média de idade atual ($I_a \bar{X}$) dos Maçons, da Loja em questão, com intervalos de classes de 10 anos. Idade maçônica, expressa em anos, de um Obreiro é o resultado de sua idade atual menos sua idade quando da Iniciação.

Também, propõe 4 intervalos de classes para o COEFICIENTE DE LEITURA (C.L.), correspondentes a NÍVEIS DE LEITURA (N.L.). Este coeficiente de leitura é o produto da quantidade de diferentes livros maçônicos lidos pela idade maçônica do Obreiro, correspondente a níveis de leitura.

Na Loja Simbólica "Acácia Viçosense" (LSAV), em julho de 1995, a média de idade atual ($I_a \bar{X}$) dos Obreiros é de 49,1 anos, significando ter ela a Q.E. = MATURA.

A média de idade quando da Iniciação ($I_i \bar{X}$) dos Obreiros da LSAV é de 38,4 anos; nela somente 15,8% dos Maçons iniciaram com menos de 29 anos.

A média de idade maçônica ($I_m \bar{X}$) dos Obreiros da LSAV é de 10,8 anos; nela 39,5% dos Maçons têm idade maçônica entre 1 e 5 anos.

As dispersões de idade por classe etária se fez em aglomeração; na idade atual, 50,0% se concentraram na faixa de 40 a 49 anos, na idade quando da Iniciação, 44,7% na de 30 a 39 anos e na idade maçônica, 39,5% na de 1 a 5 anos.

O nível de instrução dos Obreiros da LSAV, com 76,3% de graduados em curso superior, exprime seu estado de Loja em Oriente universitário.

Dos Obreiros da LSAV, 71,0% receberam orientação para leitura e a aquisição de livros maçônicos e um elevado contingente, 28,9%, aguardam tal orientação.

Dos Obreiros da LSAV, 73,6% leram 1 ou mais livros maçônicos no primeiro semestre de 1995; somente 1 Obreiro ainda não leu livro maçônico. Estes dados evidenciam que as afirmações de Aslan (1991), Prober (1994) e Spoladore (1995) não são adequadas aos Maçons da LSAV.

Em 1994, 44,7% dos Obreiros da LSAV leram mais de 4 livros maçônicos; 47,4% de 1 a 3 e apenas 7,7% não leram:

A quase totalidade, 97,3%, dos Obreiros da LSAV leu 1 ou mais livros maçônicos durante suas respectivas vidas maçônicas, enquanto... "menos de 10% dos Maçons americanos passam os olhos em publicações maçônicas".

A metade dos Obreiros da LSAV possui 6 ou mais livros maçônicos; 47,4% de 1 a 5 e somente 2,6% ainda não compraram livro maçônico enquanto menos de 5% dos Maçons estadunidenses compraram 1 único livro maçônico.

Para que se possa ter conhecimento real das potencialidades das Lojas e de seus respectivos quadros de Obreiros, sugere-se que as OBEDIÊNCIAS, ou pelo menos as Delegacias Regionais, incentivem levantamentos de dados quantitativos e qualitativos de:

- Grau de instrução dos Maçons;
- Literatura Maçônica possuída pelos Obreiros e em biblioteca de Loja;
- Literatura Maçônica lida pelos Obreiros;
- Trabalhos Maçônicos lidos em Loja ou publicados na Imprensa Maçônica;
- Participação de Obreiros em cursos, seminários e simpósios maçônicos e
- Bibliotecas Maçônicas.

TABELA 1. Idade, em anos, dos Obreiros (n) da Loja Simbólica Acácia Viçosence, MG.

IDADES	MAÇONS			
	1995	%	Iniciação	%
29 ou menos			6	15,8
30 a 39	6	15,8	17	44,7
40 a 49	19	50,0	11	28,9
50 a 59	7	18,4	3	7,9
60 ou mais	6	15,8	1	2,6
AMPLITUDE	33 – 74		25 – 60	
$\bar{X}$	48,6		38,4	
s	9,3		8,1	
n	38		38	

TABELA 2. Idade Maçônica, em anos, dos Obreiros (n) da Loja Simbólica "Acácia Viçosense", MG, 1995

IDADE	MAÇONS	%
1 a 5	15	39,5
6 a 10	9	23,7
11 a 15	4	10,5
16 a 20	4	10,5
21 a 25	3	7,9
26 a 30	2	5,3
31 ou mais	1	2,6
AMPLITUDE	1 – 48	
$\bar{X}$	10,8	
s	10,2	
n	38	

TABELA 3. Nível de instrução, por Grau Maçônico, dos Obreiros (n) da Loja Simbólica Acácia Viçosense, MG, 1995

GRAUS	INSTRUÇÃO					TOTAIS	
	PRIMÁRIA	SECUNDÁRIA	SUPERIOR	MESTRADO	DOUTORADO	N	%
1	3	1	3	1	3	11	28,9
2		1	2			3	7,9
3	1		4	5		10	26,3
4 a 14		1	2	2	1	6	15,8
15 a 18					2	2	5,3
19 a 30		1	2			3	7,9
31 a 33		1	1	1		3	7,9
TOTAIS	4 - 10,5%	5 - 13,1%	14 - 36,8%	9 - 23,7%	6 - 15,8%	38	100,0

TABELA 4. Orientação para leitura ou aquisição de livro maçônico

GRAUS	LOJA SIMBÓLICA ACÁCIA VIÇOSENSE		OBREIROS DE OUTRA LOJA	NÃO TEVE ORIENTAÇÃO
	DIGNIDADE/OFICIAL	OBREIRO		
1	14	7	1	–
2	3	–	–	–
3	–	2	–	11

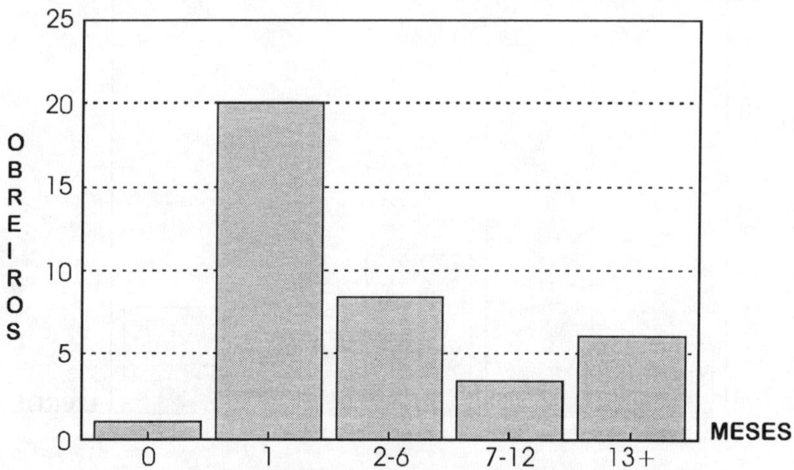

GRÁFICO 1. Intertício, em meses, do último livro maçônico lido

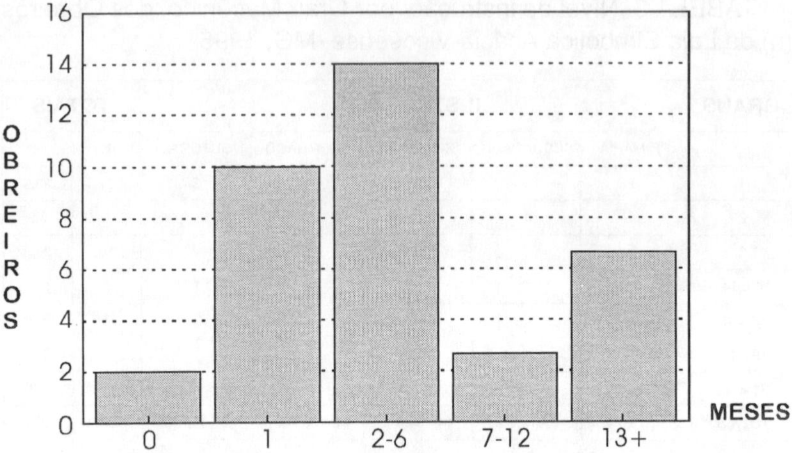

GRÁFICO 2. Intertício, em meses, do último livro maçônico comprado

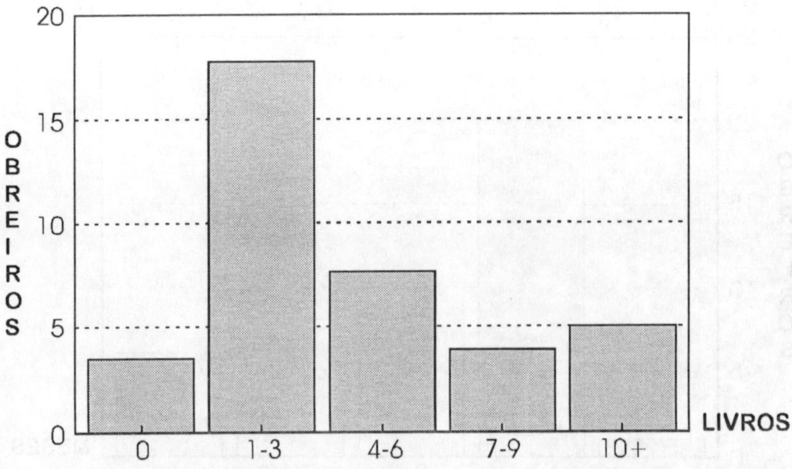

GRÁFICO 3. Número de livros maçônicos lidos em 1994

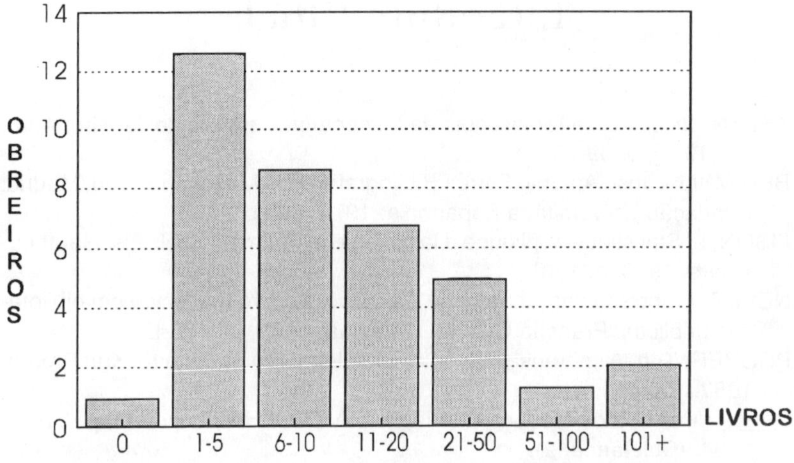

GRÁFICO 4. Livros maçônicos lidos durante a vida maçônica

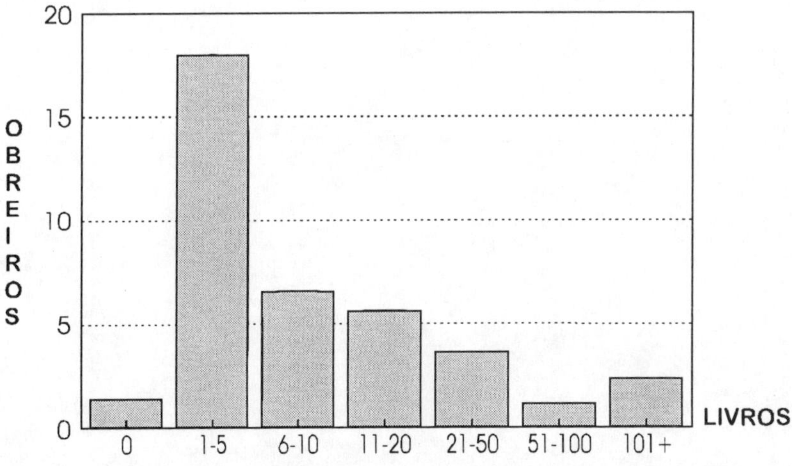

GRÁFICO 5. Número de livros maçônicos que os Obreiros possuem

Literatura Citada

ASLAN, Nicola. Uma radioscopia da Maçonaria. 2 ed. Rio de Janeiro: Aurora, [19—], p. 69-70.

BENIMELLI, José Antônio Ferrer. Bibliografia de la Masoneria. 2 ed. Madrid: Fundação Universitária Espanhola, 1978. 603 p.

LISON, L. Statistique appliquée a la biologie experimentale. Paris: Gauthier-Villars, 1958, p. 1-46.

NEVES, Francisco das Chagas de Carvalho. Acervo maçônico em bibliotecas públicas. Prancha Cultural, Terezina, nº 69, p. [198-].

PROBER, Kurt. A imprensa maçônica brasileira. Rio de Janeiro: Kurt Prober, 1982. 100 p.

_______Por que os Maçons não lêem? "A TROLHA", Londrina, p. 21-27, 1994. (Coletânea, 2).

SOUTHWOOD, T.R.E. Ecological Methods. London: Chapman and Hall, 1971. p. 19-56.

SPOLADORE, Hércule. Algumas reflexões a respeito da Maçonaria no Brasil. "A TROLHA", Londrina, v. 24, nº 100, p. 35, 1995.

Repensar as Iniciações

Irm∴ Reginaldo Vieira Jabour
Or∴ de Ubá – MG

No início de sua história, a Maçonaria (congregação de pedreiros) só admitia em seu seio os que praticavam a arte da construção. Era a época das grandes catedrais, das pontes, das cidades "modernas". A arquitetura, então considerada uma arte real porque tinha a simpatia da nobreza, e uma arte sagrada porque a maioria de seus Obreiros se empenhava na construção de templos destinados ao culto de Deus.

Mas, para muitos, a origem das sociedades secretas de construtores, chamadas Guildas, na Europa (que atingiu seu auge no século 18), está vinculada à criação, em 1118, da Ordem dos Templários.

Os Templários revelaram-se hábeis negociantes, e souberam beneficiar-se da necessidade que os governantes tinham de seus serviços, transformando-se, em pouco tempo, em donos de uma incalculável fortuna em ouro.

Os Templários enviavam trabalhadores cristãos para a construção de estradas, pontes, igrejas e fortalezas no Oriente. Mas, apesar de todo o seu poder, a Ordem dos Templários teve vida curta. Seu ouro despertava a cobiça de muitos reis, e, no início do século 14, Filipe, o Belo, rei da França, em acordo firmado com o papa Clemente V, instaurou um severo processo contra os Templários. Como pretexto, utilizaram as cerimônias iniciáticas da Ordem, classificando-as como heréticas (contrárias à religião católica). Acusados por práticas demoníacas, feitiçaria e adoração de ídolos, cerca de 15 mil Templários foram condenados à morte nas fogueiras da inquisição, entre eles seu mais famoso líder, Jaques De Molay, enquanto Filipe apossava-se de todos os seus bens.

Embora oficialmente extintos, os Templários não deixaram de existir. Os trabalhadores enviados para as construções no Oriente voltaram para a Europa, trazendo em sua bagagem uma série de novos conhecimentos que influenciaram os construtores Europeus. Agruparam-se em corporações chamadas "Compagnonnage" (Companheirismo, em francês) e por uma série de afinidades, principalmente profissionais, aproximaram-se das Guildas. Quando esses grupos se uniram, mesclando seus conhecimentos e suas tradições, nasceu a chamada Maçonaria Operativa (Operativa significa que realiza), que mais tarde viria a se tornar a Maçonaria Moderna.

No final do século 16, as tendências filosóficas mais liberais ganhavam forças em toda a Europa. As ciências naturais, a indústria e o comércio evoluíam como nunca acontecera antes. Com todo esse avanço, os segredos de construção – até aquele momento muito bem guardados pelos membros das Guildas – estavam ao alcance de todos. Dessa maneira, as organizações formadas pelos "franco-maçons" (construtores livres) perdiam seu sentido. Então, para se renovar e recuperar forças, a Maçonaria abriu suas portas a qualquer homem de bem que nela desejasse ingressar.

É nesse momento que nasce a Maçonaria Moderna, chamada de especulativa ou filosófica. Nela, ingressaram artistas, filósofos, enfim, livres-pensadores de todo o mundo que passaram a ser conhecidos como Maçons aceitos.

É em Londres, em 24 de junho de 1717, que se forma a primeira Grande Loja Maçônica do mundo. Exatamente na Inglaterra, berço do Protestantismo, onde o rei Henrique VIII erguera-se contra o Vaticano fundando a Igreja Anglicana. Por esse motivo, grande parte dos Maçons aceitos era Protestantes, e, no ano de 1723, quando é promulgada a 1ª Constituição Maçônica (elaborada pelo reverendo anglicano James Anderson), a Maçonaria concede a seus Integrantes liberdade de culto, exigido apenas a crença em um deus único: o Grande Arquiteto do Universo.

A reação da Igreja Católica contra essa liberalidade demorou quinze anos, até que o papa Clemente XIII, em documento oficial, acusa os Maçons de heresia e ameaça os fiéis que se aproximassem da Ordem com a excomunhão. Nos países católicos, como Itália, Portugal, Polônia e Espanha, muitos Maçons são perseguidos pela Inquisição e condenados à morte.

Diante desse quadro, os Maçons não tiveram outra alternativa senão começar a agir secretamente. Seus encontros passaram a acontecer em desertos pátios de igrejas, altas horas da noite. E, mesmo assim, eles não deixaram de atuar na sociedade em que viviam, mantendo em segredo sua condição de Maçom.

E como será pertencer a uma sociedade secreta às vésperas do ano 2000?

Em plena Era da Tecnologia, quando os meios de comunicação atingem seu auge e os satélites, aparelhos de televisão e computadores aproximam bilhões de pessoas em todo o mundo?

Não seria o caso de repensar das iniciações; assim como aconteceu no final do século XVI, quando para renovar e recuperar forças a Maçonaria abriu suas portas a qualquer homem livre e de bons costumes, nela ingressando artistas, filósofos, livres-pensadores?

Não seria o momento de iniciar outras pessoas/grupos/profissões capazes, de alguma forma, influenciar o bem-estar da humanidade, garantir a perpétua juventude dos ideais: a Liberdade, Igualdade e Fraternidade; bem como, alcançar a Era de Ouro da Maçonaria que até então não foi possível nem vivida, aproveitando que as perseguições hoje têm menos ou nenhuma intensidade?

Bibliografia

Revista Destino – Edição Extra 1993 – Editora Globo – Wilson Garcia / Omar Cartes

Fonte: Maçonaria Oculta e Pequenas Histórias da Maçonaria

Das Profundezas do Abismo para as Profundezas de Deus

Irm∴ Oswaldo Herrera
Or∴ de Peruíbe – SP

Mestre Leonardo
O Bode satânico que preside a todos os Sabbats

Os romeiros que subiam em grupos e em procissão das cidades mais baixas e das campinas de Israel para Jerusalém cantavam: "Das profundezas clamo a ti, Senhor" (Sl 130.1). Eles clamavam pelas misericórdias de Deus e ao mesmo tempo subiam. Faça você o mesmo. Não permaneça em **suas** profundezas. Parta para as profundezas **de Deus**. Saia do tremedal de lama e firme os seus pés na rocha. Clame por socorro ao Senhor (Sl 40.1-3). Não brinque com o tempo. Porque a chance de transferir-se de suas profundezas para as profundezas de Deus termina com a morte. Do inferno escatológico não haverá saída de espécie alguma e em tempo algum. Serão eras que tombam sobre outras eras numa eterna sucessão.

Nas profundezas de Deus há explicação para tudo, há amor, há poder, há misericórdia e graça, há perdão e purificação, há fartura de tudo. Vamos, saia das profundezas do abismo para as profundezas de Deus (1 Co 2.10)!

Se você está nas profundezas da ira, da discórdia, da vingança e da guerra – mude-se para as profundezas de Deus.

Se você está nas profundezas do perigo, da doença, do medo e da morte – mude-se para as profundezas de Deus.

Se você está nas profundezas da distância, da separação, da melancolia e da solidão – mude-se para as profundezas de Deus.

Se você está nas profundezas da ignorância, da apatia, da cegueira e da incredulidade – mude-se para as profundezas de Deus.

Se você está nas profundezas das fossas, das águas, da terra, e do abismo – mude-se para as profundezas de Deus.

Se você está nas profundezas do vício, do álcool, da droga e da luxúria – mude-se para as profundezas de Deus.

Se você está nas profundezas do engano, do erro, da desobediência e do pecado – mude-se para as profundezas de Deus.

UMA DAS PROVÁVEIS ORIGENS DO BODE NA MAÇONARIA – A∴ G∴ D∴ G∴ A∴ D∴ U∴

O surgimento do Ser Humano no Planeta tem sido objeto de muitas teorias por parte dos pesquisadores. Adão e Eva, evolução da espécie a partir do macaco, são as mais conhecidas.

Há outra teoria, pouco divulgada, que afirma ter sido preparada a Terra para receber seres de outros planetas.

Tudo era trevas. Foi planejado para que fosse um paraíso. Quando estava pronto para receber o ser humano, numa nave trouxe para este planeta 74 seres. Dois deles eram chamados de Manus, os 72 restantes eram os Kumaras. Os Kumaras eram hermafroditas e obedeciam às ordens dos manus. Os Kumaras espalharam-se pelas regiões do planeta, onde hoje está a Ásia, Europa, América, etc., dando origem a povos diferentes. Um dos manus intervinha sobre os Kumaras dando-lhes o dom da arte, o outro, o dom das ciências.

Conta esta surpreendente lenda ufológica que houve uma divergência entre os dois manus e um deles transformou-se em Manu do mal, outro acumulou os dois dons e passou a ser o manu do Bem.

O Manu do Mal recebeu o nome de **"Bafomé"**.

Esta história, assim como a de Adão, Eva e a Serpente, a de Osíris, Íris e Órus, a própria teoria de Darwin, não podem ser comprovadas.

BAFOMÉ

Contei esta lenda porque, embora velada, foi a única que consegui em minhas pesquisas que me desse a origem do Bafomé.

Bafomé era um bode com asas de morcego, uma chama no centro da cabeça, dois chifres, a mão esquerda apontando para a Terra (matéria) e a direita para o céu (espírito).

ORDEM DOS TEMPLÁRIOS

Um Kumara citado na história foi São Bernardo. Em 1119, Bernardo, estimulado por Bafomé, orienta Hughes e Geoffrey a fundarem a Ordem dos Templários com o objetivo de proteger os peregrinos cristãos que se dirigiam a Jerusalém para visitar o Santo Sepulcro.

Os membros da ordem dividiam-se em categorias: havia Aprendizes, Companheiros e Mestres. Eram comandados pelos Mestres de acordo com os ensinamentos espirituais de São Bernardo. Nem todos tinham sabedoria. Obedeciam.

Com a morte de São Bernardo e não havendo mais razão para dar proteção aos peregrinos, os Grão-Mestres sucessores passaram a direcionar a Ordem dos Templários para a obtenção de riquezas e formaram novos núcleos.

A ordem perdeu a proteção do manus e dos Kumaras.

Mais tarde, já no século XIII, Felipe IV, O Belo, rei da França, contraiu muitas dívidas e, não tendo como pagá-las, propôs ao Papa Bonifácio VIII que desfizesse a ordem e que seu patrimônio fosse incorporado ao governo. Bonifácio não aceitou a proposta; então o rei mobilizou as forças para aniquilá-lo; o atentado fracassou mas Bonifácio VIII morreu de traumatismo moral.

Felipe elegeu então o papa Clemente V. Este, forçado pelo rei, cedeu às pressões de exterminar os Templários por heréticos, confiscando seus imensos tesouros; tirou-lhes todas as regalias e condenou seu Grão-Mestre Jacques De Molay à forca, acusando-o de heresia e prática de magia negra. Esta sentença baseou-se em diversos fatos, sendo os mais importantes:

Em 1128, Hugo de Payens, primeiro Grão-Mestre da Ordem, havia apresentado perante o Concílio de Troyens a concepção dos Templários acerca de Deus: ele mostrara um triângulo com a palavra YOD no centro e Bafomé como a doutrina do Bem e do Mal, tais elementos demonstravam o afastamento em relação à igreja Católica.

Além disto, quando o Templo da Ordem dos Templários foi invadido, encontraram na parte superior do Altar o grande triângulo, tendo no centro a inicial do princípio gerador YOD e sobre o Altar a figura de Bafomé. Acharam documentos que demonstravam que para completar a admissão, o Neófito deveria prestar o juramento a Bafomé.

MAÇONARIA

Dissolveram-se os Templários.

Com o aniquilamento da Ordem, seus adeptos dividiram-se. Uns retiraram-se definitivamente e não se pronunciaram mais a respeito. Outros ingressaram a uma Ordem altamente secreta: a Maçonaria.

A Maçonaria, a partir daí, passou a ser especulativa e simbólica. Aos poucos foi perdendo sua espiritualidade.

CONSIDERAÇÕES GERAIS

A Igreja até hoje condena a Maçonaria. Em qualquer fato onde se supõe haver "magia negra", "máfia", "crime hediondo" ou coisas semelhantes, a Maçonaria é a primeira a ser considerada suspeita.

Até mesmo os evangélicos, que foram defendidos pelos Maçons para que lhes fosse praticar sua religião com liberdade, agora na 43ª Assembléia de União das Igrejas Evangélicas, voltam-se contra a Ordem, dando prazo de 6 meses para seus adeptos Maçons se desligarem.

Baphomet

Ainda encontramos no livro de São Cipriano, uma das obras mais procuradas para a prática do satanismo, a figura do bode comandando a festa, com a feitiçaria e o bruxo ao seu lado.

Para finalizar gostaria de recomendar um livro recém-lançado pela Editora Evangélica, cujo autor, segundo a Editora, é Maçom Grau 33, livro que tem por título "Do Outro Lado da Luz", para verem quanto de mentira e de estupidez se fala contra nossa Ordem.

Mas se falam é porque nós, por ignorância, alimentamos este

modo de pensar, porque fazemos brincadeiras de mau gosto, trotes nas Iniciações, e por usarmos erroneamente o bode, excomungado pela maioria das religiões, como Símbolo de nossa Ordem, justa e perfeita.

∴

Extasiados diante da majestade severa dos Símbolos, os nove cavaleiros da aventura, futuros Templários, ajoelharam e elevaram os olhos ao alto.

Na sua frente, o grande Triângulo, tendo ao centro a inicial do princípio gerador, espírito animador de todas as cousas e símbolo da regeneração humana, parece convidá-los à reflexão sobre o significado profundo que irradia dos seus ângulos. Ele é o emblema da Força Criadora e da Matéria Cósmica. É a "Tríade" que representa a Alma Solar, a Alma do Mundo e a Vida. É a Unidade Perfeita, a reunião do pai, da Mãe e do Filho: – a Família.

Um raio de luz intensa ilumina então aqueles espíritos obcecados pela idéia da luta, devotados à supressão da vida de seres humanos que não comungam o mesmo princípio religioso que os levou à Terra Santa.

Ali estão representadas as "Trinta e duas vidas da sabedoria" que a "Kabbalah" exprime em fórmulas herméticas, e que a "Sepher-Jetzira" propõe ao entendimento humano.

Simbolizando o Absoluto, o Triângulo representa o Infinito, Corpo, Alma e Espírito. Fogo, Luz e Vida.

Uma nova concepção que pouco a pouco dilui e destrói a teoria exclusivista da discriminação das divindades se apossa daqueles espíritos até então mergulhados em ódios religiosos e, os conclama à Tolerância, ao amor e à Fraternidade entre todos os seres humanos.

A Teosofia Judaica, a Lei Sagrada exposta sobre o Altar de alabastro onde os iniciados prestavam juramento, dá aos "pobres cavaleiros de Cristo" a chave interpretativa das figuras que adornam as paredes do Templo.

Na mudez estática daqueles símbolos há uma alma que palpita e que convida ao recolhimento. Abalados na sua crença num Deus feroz e sanguinário, os futuros templários entreolham-se e perguntam-se: SE TODOS OS SERES HUMANOS PROVÊM DE DEUS QUE OS FEZ À SUA IMAGEM E SEMELHANÇA, COMO COMPREENDER QUE OS HOMENS SE MATEM MUTUAMENTE EM NOME DE VÁRIOS DEUSES? COM QUEM ESTÁ A VERDADE?

Entre as figuras mais bizarras que adornavam as paredes do majestoso Templo, uma chamara a atenção de Hugo de Payns e de seus oito companheiros.

Tinha as asas do morcego, os chifres do bode e os olhos penetrantes da coruja.

Na testa ampla, um facho luminoso parecia irradiar inteligência; e no peito uma cruz sangrando acariciava na interseção dos braços uma rosa mística, encantadora.

A cruz era símbolo da imortalidade; a rosa, a discrição, o emblema da mulher.

A reunião dos dois símbolos era a idéia da criação.

E foi essa figura, monstruosa e atraente, que os nove cavaleiros campeões da Fé elegeram para emblema das suas futuras cruzadas.

∴

Quando em 1128 se apresentou ante o Concílio de Troyes, Hugo de Payns, primeiro Grão-Mestre da Ordem do Templo, já a concepção dos Templários acerca da idéia de Deus não era muito católica, embora fosse ainda mais cristã. A divisa inscrita no estandarte negro da Ordem ("Non nobis, Domine, sed nomini tuo ad gloria") não era uma sujeição à Igreja, mas uma obediência a Deus, numa referência à inicial que no centro do Triângulo simbolizava a unidade perfeita: YOD!

"Baphomet" significava a doutrina do Bem e do Mal.

∴

Cavaleiros francos, normandos, germânicos, portugueses e italianos, acudiram a engrossar as fileiras da Ordem que dentro em pouco se convertia na mais pujante de todas as sociedades religiosas do século XII. E ao mesmo tempo em que se criavam as classes dos sacerdotes, dos cavaleiros, dos escudeiros, dos leigos e dos soldados, instituía-se também a doutrina secreta, o esoterismo que interpretando os símbolos do Templo de Jerusalém, criava uma nova mentalidade baseada nas "trinta e duas vidas da sabedoria".

Claro que a regra estabelecida por São Bernardo sofria uma interpretação irreverente por parte dos Templários, e com isso não concordaria a Igreja; mas a Ordem tornara-se tão poderosa, tão opulenta de riquezas, tão influente nos domínios da cristandade, que o melhor era cerrar os olhos e compartilhar com ela os benefícios que a opulência proporcionava.

Além da interpretação dos símbolos místicos, a "Kabbalah" dera aos Templários a noção de que não era impossível a comunicação com os espíritos sobrenaturais. Era a ciência espírita ainda em embrião, e que só muitos séculos mais tarde se tornaria objeto de culto universal.

Naturalmente que a teologia, reconhecendo embora a ressurreição de Cristo, não podia admitir que se generalizasse o princípio da comunicação com o Além, e daí, as advertências que os visitadores da Ordem faziam em nome de Roma; mas o poder financeiro dos Templários era tão forte que vencia as relutâncias opostas.

Banqueiros do rei de França, sustentáculos do fastígio dos papas; senhores de castelos, de aldeias e vilas; nobres e influentes nas nações católicas, os adoradores de "Baphomet" podiam dar-se ao luxo de serem idólatras e de interpretarem as doutrinas por um prisma absolutamente diferente.

Philipe IV estava porém atento. E se o não preocupavam as interpretações heréticas, o "gnosticismo", e as concepções absurdas quanto aos mistérios do "au dela", seduziam-no contudo os imensos tesouros que a Ordem possuía em todo o mundo.

Não foram, portanto, a mistagogia, a idolatria e a heresia que geraram a cólera do rei de França e deram causa ao monstruoso processo contra os Templários. Foi a capacidade de um monarca falido para quem a religião era um meio e a riqueza um fim.

INICIAÇÃO x ESOTERISMO

Iniciação é, por si só Esotérica, pela característica do cerimonial. A Liturgia, a Ritualística e o Simbolismo, criam um clima místico-esotérico.

Segundo Lionel Vibert "a Maçonaria atual não é uma organização de ensinamentos esotéricos". Deveria ser. E por que deveria ser?

Apesar de Lionel Vibert afirmar que não existe ensinamento esotérico vivemos e sobrevivemos através da Ritualística e da liturgia maçônica e qualquer grupo que segue uma Ritualística ou uma liturgia, automaticamente, por preces, evocações e Sinais está entrando em contato com FORÇAS ESOTÉRICAS, querendo ou não querendo ou sabendo ou não sabendo e aí vem o pior, muitas vezes por não ter o mínimo conhecimento de tais forças não consegue afastar o perigo a que se expõem, pois um fio eletrificado com alta tensão em geral causa menos danos a um eletricista que conhece força elétrica e inevitavelmente é fatal para o leigo em eletricidade.

A Maçonaria moderna para admitir em seu seio um novo elemento é através da INICIAÇÃO e iniciar no Dicionário de Aurélio é "admitir aos mistérios e Cerimônias".

PROFANO, segundo o mesmo Aurélio entre outras definições é "não sagrado" e SAGRAR é dedicar a divindade. Investir numa dignidade por meio de uma cerimônia religiosa.

Resumindo INICIAR – PROFANO – SAGRAR: termos esotéricos. Esoterismo força não ao alcance do conhecimento de todos.

Para o Prof.·. ser Inic.·. ele primeiramente irá para a Câm.·. de RRefl.·. e lá, imediatamente, entrará em contato com forças esotéricas ou, pelo menos, com as evocações esotéricas feitas pelo esqueleto, ampulheta, galo, sal, enxofre, mercúrio, vela, pão e água. Lá encontrará outro chamamento esotérico representado pelo V.I.T.R.I.O.L (VITRIOL) – "Visita interiora terra e retificandoque invenies ocultum lapide", cuja tradução livre é "Mergulha no teu interior e, aperfeiçoando-te, encontrarás a tua Verdade". Outra tradução mais "ao pé da letra" diz "Visita o interior da Terra e procurando encontrarás a pedra oculta", que é uma referência sobre a pedra aonde Abraão iria sacrificar seu filho Isaque, e aonde sucessivamente foram construídos os templos de Salomão, Zorobabel e de Herodes, sendo este último destruído pelos romanos no ano 70 d. C., restando dele apenas o muro ocidental, um paredão conhecido como "Muro das Lamentações". No mesmo local hoje está a Mesquita de Omar, construída pelo califa Abd-El-Malik que, segundo o Islamismo, foi o local aonde o Profeta Maomé subiu para o paraíso.

Na Câm∴ de RRefl∴ o esoterismo continua: Enxofre o Princípio Criador, Energia Ativa, Masculino, Sal Energia Passiva, Maternidade, feminina e o Mercúrio que é Amor.

Após algumas horas mergulhado nestes campos energéticos positivos e negativos o Prof∴ de lá sai direto para o Templo. Tais ensinamentos esotéricos dificilmente irão ser-lhe ministrados por um motivo muito simples os MM∴ MM∴ e o próprio Ven∴ M∴ que irá dar-lhe a V∴ L∴ nunca recebeu tais ensinamentos e em geral atualmente a Inic∴ é feita o mais rápido possível pois o que todo mundo está querendo mesmo é que chegue logo o momento dos "comes e bebes", o momento das comemorações e principalmente das "bebemorações", sem contar com as brincadeiras de péssimo mau gosto que grosseiramente fizeram com o Neófito, como por exemplo dizer "chegou a hora de montar no bode", pois neste momento foi estupidamente evocado pelo "Irm∴ Brincalhão" uma Força Esotérica altamente negativa que poderá gerar um mau Maçom e, sempre que um Irm∴ fala em bode referindo-se a Maçom, Maçonaria ou assuntos maçônicos está apenas demonstrando com "muita graça" que é um "Santo analfabeto" em Maçonaria, que não sabe absolutamente nada de nada, independentemente do Grau que tenha na Ordem. Tal Irmão em sua "vasta sabedoria" nunca ouviu falar ou leu sobre Leo Taxil, pseudônimo de Gabriel Antônio Jogand-Pagês, nascido em Marselha – França em 20/03/1854 e falecido em Sceau em 30/03/1907 que criou a estúpida lenda do satanismo na Maçonaria, com a personagem fictícia de Diana Vaughan, filha do

demônio Bitru, adoradora e sacerdotisa de Bafomet, criatura maléfica representada por um bode e cuja lenda serve até hoje para sacerdotes incultos ou que agindo de má fé, fazerem fogo cerrado contra a Maçonaria. Seria muito bom que tais Ilrm.·. que se julgam ou julgam seus Ilrm.·. "bodes" procurassem adquirir um pouco de cultura maçônica para não provocarem mais ainda as péssimas impressões que muitos profanos e dirigentes religiosos formaram sobre nossa Ordem.

ESTUDOS E EXPERIÊNCIAS DE CIPRIANO

NECROMANCIA

Antióquia era a cidade natal de Cipriano, situada entre a Síria e a Arábia, pertencente ao Governo da Fenícia, não era naqueles tempos uma cidade muito desenvolvida; por isso seus pais, aproveitando-se da vivacidade e da inteligência de seu filho, mandaram-no à Babilônia, para estudar.

Cipriano, homem de muita força de vontade e inovador, dedicou-se à alquimia, e em pouco tempo, já fazia tantos progressos que zombava dos amigos por meio dos seus inventos.

Para poder descobrir e aperfeiçoar-se na ciência da magia, ele travou relações com diversos Feiticeiros e Bruxas, e entre estas a Bruxa de Évora, a mais temível daqueles tempos.

Cipriano, no seu gabinete de estudos, tinha tudo o que fosse agradável e triste, como seja: sapos, gatos, esqueletos, cadáveres, frutas, folhas e flores; tinha alguns aparelhos de caldeiras, fogões e destiladores, todos industrializados e inventados por ele.

Cipriano tomava apontamentos de tudo para não se esquecer da descoberta que o seu gênio fecundamente gerava, e de tudo também tomava nota nas paredes e nas mesas, de modo que o seu gabinete estava cheio de rabiscos incompreensíveis.

"O VELHO HOMEM DAS MONTANHAS"

Hassan I Sabah foi uma das figuras mais intrigantes da história. Chamado de "O Velho Homem das Montanhas", foi um líder na heresia islâmica chamada Ismaelianismo. O islamismo estava rebentando com fanatismo, e ser um herege era ser executado com a espada.

Hassan era esperto e percebeu que os muçulmanos mais "ortodoxos" estavam em maior número. Ele sabia que a única maneira de vencer seria pela subversão. Ele criou uma ordem de soldados de elite com drogas, especialmente o Haxixe, e o que chamaríamos hoje de programação mental.

Esses homens programados estavam desejosos de morrer pelo seu novo mestre. A Ordem de Hassan era chamada de Hashishim, ou Assassinos. A palavra assassino deriva diretamente dele. Ele foi um gênio maligno que parece ter inventado muitas das nossas técnicas modernas de espionagem – em especial a toupeira. Ele "enterrava" seus homens em abrigos profundos nas cortes do inimigo e, anos depois, em resposta a um sinal, a "toupeira" enterrava a adaga encurvada dos Assassinos no coração do alvo.

No trono, o bode preto comanda o festim, tendo ao lado a feiticeira e o bruxo, que estabelecem as regras da sessão que tem início. Na parte de baixo, agrupados, os convidados para a sessão do ritual satânico. Observem, à esquerda, a mulher nua e sem pudor retira a máscara (ou tenta retirá-la) do parceiro que está à sua frente. É como se dissesse: "Nada de acanhamento, amiguinho, aqui vale tudo", o que se vê é apenas o início; a doideira geral vem depois, quando a madrugada avança e a bebida incendeia as mentes

Quando Hassan morreu, ele deixou para trás uma herança extraordinária, porque houve uma polinização cruzada entre as suas idéias e as idéias dos seus equivalentes europeus, os Cavaleiros Templários. Como ratos que transportam moléstias, os Templários voltaram para a Europa com os segredos de Hassan, e lá eles se espalharam como um incêndio.

FILHOS DE BAPHOMET

Os Templários são uma curiosidade fascinante, tanto que excitaram o interesse de mais pessoas através dos séculos do que qualquer outra ordem militar. Sua verdadeira história é controvertida, e suas explorações alcançaram do nobre ao depravado. Nenhuma história dos Franco-Maçons poderia ser compreendida sem os Templários. Curiosamente, os Templários também inspiraram o interesse de uma hoste incrível de oculistas, bruxas, satanistas e outras pessoas estranhas.

Os Templários começaram com uma idéia nobre – proteger peregrinos em sua viagem para a Terra Santa durante as Cruzadas. Os "Cavaleiros Pobres do Templo de Salomão" (conforme eram conhecidos) começaram em 1118 como uma ordem de monges guerreiros. Seu primeiro Grande Mestre (observe o título) foi Hugues de Payens.

Dessemelhante de outras ordens de cavalaria, os Templários eram monges, e votos eram obrigatórios. Foi "a primeira vez... na história (que) soldados deveriam viver como monges". Parte da razão do seu nome origina-se de haverem construído sua sede no sítio que, segundo se crê, é o lugar do Templo de Jerusalém, um lugar-chave na lenda maçônica.

Todavia, as coisas azedaram. A ordem tornou-se muito rica e corrupta. Os Templários estabeleceram-se como a instituição mais poderosa da cristandade – provavelmente a instituição mais poderosa de toda a Europa, igualada, mas não ultrapassada pelo papado, Então, em 1291, veio o desastre. Os cruzados foram derrotados e os Templários foram afastados.

UMA TRAMA REAL

Os Templários eram combatentes que não tinham nenhuma batalha para lutar. Aparentemente eles voltaram vencidos de uma guerra longa e impopular numa terra distante. Seu moral não estava alto, mas eles voltaram à Europa com uma fortuna incrível, um sistema de guarnições militares, e as melhores frotas do mundo.

Eles suscitaram a ira de Filipe IV, da França, um dos reis mais poderosos da Europa. Este tinha conseguido matar um papa, envenenar um segundo e instalar o sucessor que escolhera, Clemente V. Aí ele tomou o papado, trancou e guardou a tiara papal fora de Roma e a deixou em Avignon, na França.

Filipe temia os Templários, mas estava determinado a ficar com a sua fortuna. Confiando em que seu "papinha de estimação" cooperaria, o rei prendeu todos os Templários franceses.

Na alvorada da sexta-feira, 13 de outubro de 1307, os ataques começaram. Todas as propriedades que pertenciam aos Templários foram conquistadas. Apesar de que a maioria dos Templários foi presa, sua riqueza jamais foi encontrada. Aparentemente a Ordem sabia que o ataque se aproximava, pois o Grande Mestre, Jacques De Molay, queimou muitos dos livros da ordem. Juramentos hórridos de sigilo guardaram a natureza dos verdadeiros Ritos dos Templários.

Esta falta de fontes de material é que criou a controvérsia. Sob Filipe, muitos dos cavaleiros foram torturados. Evidentemente, qualquer confissão extraída sob tortura deve ser considerada com suspeita. Não obstante, há certas coincidências que levam a pensar que pode haver um núcleo de verdade em algumas das confissões.

A CABEÇA FALANTE

Os Templários foram acusados de praticar magia negra, pederastia, homossexualismo, assassinato de bebês, blasfemar o nome de Jesus, e dar beijos "obscenos" mútuos.

Freqüentemente menciona-se também a alegação de que os Templários adoravam um ídolo misterioso chamado Baphomet. Este ídolo foi descrito de vários modos: um homem com cabeça de bode, uma cabeça com três faces, ou uma cabeça barbuda, que ensinava aos cavaleiros da Ordem segredos mágicos.

BAPHOMET

Examinemos de perto esta figura misteriosa. Uma teoria comum para a origem do Baphomet é que é uma variação do nome de Muhammed (Maomé). Mesmo essa sendo a explicação que menos incomoda, ainda é muito preocupante. Adorar Maomé seria traição tanto política quanto espiritual.

A segunda explicação é que o nome seja um tipo de charada chamado Notariqon. É a forma que os cabalistas (magos cerimoniais) usam para escrever as palavras ao contrário e como acrônimos. Pelo Notariqon, Baphomet é "Tem O.H.P.Ab". Em

Baphomet

latim, significaria: "Templi Omnium Hominum Pacis Abbas", ou Pai do Templo da Paz de Todos os Homens.

Isso não soa mal, exceto pelo contexto da era em que se encontra. Pois cavaleiros no meio de uma guerra religiosa adorando uma estranha cabeça falante chamada de "Pai do Templo da Paz de Todos os Homens" de fato soa estranho, especialmente quando olharmos para a Franco-Maçonaria, o movimento da Nova Era, e as suas doutrinas da "paternidade de Deus e da fraternidade de homens".

Um dos principais místicos muçulmanos, Idris Shah, afirma que Baphomet deriva-se da palavra árabe Abufihamat, que significa "Pai do Entendimento". Isso se encaixa bem com a teoria de que os Templários eram sobreviventes de uma seita gnóstica do Oriente Médio de adoradores do Falo, que acreditavam na salvação através da gnose (ou do conhecimento).

Outra teoria apresentada é que o nome é realmente Bapho-Mitras, significando "Pai Mitra". Mitra foi um deus-sol adorado em Roma na época do início do cristianismo. Ele era considerado rival de Jesus, e seu nascimento ocorreu em 25 de dezembro. Mitra era representado como um homem com a cabeça de um touro ou como um matador de touro, e havia uma versão do ídolo como um homem com cabeça de bode.

O Franco-Maçom, satanista e pervertido Aleister Crowley tomou para si o nome Baphomet quando assumiu a liderança da organização ocultista-maçônica O.T.O. (Ordem dos Templários do Oriente). Crowley escreveu que Baphomet representava um tipo de deus fálico.

Kenneth Grant, o moderno líder mundial da O.T.O., afirma que o Baphomet esconde a fórmula da magia homossexual dos Templários. Outro ocultista respeitado mundialmente na última geração, o falecido Dion Fortune, disse que o Baphomet representa uma prática que, na sua forma mais baixa, foi "uma das causas da degeneração dos Mistérios gregos".

Um erudito maçônico, Manly P. Hall, identifica claramente o Baphomet com o "Bode de Mendes" satânico, provavelmente a mais bem conhecida representação de Lúcifer em todo o ocultismo. Ele diz que eles provavelmente o obtiveram dos árabes.

UM DEUS CHIFRUDO

Estas são águas profundas, que revelam as múltiplas camadas de significado nos cultos de mistério. Contudo, duas ameaças comuns também emergem nessas confissões – uma cabeça masculina sem o corpo, e o homem-animal chifrudo.

As acusações que a Inquisição fez contra a Ordem em 1308 dizem que eles adoravam uma cabeça que tinha o poder de tornar a terra fértil. Essas qualidades da cabeça encaixavam-se com a antiga adoração druída da cabeça separada, a cabeça de Bran, o Bendito, um deus que aparece num poema galês, o Mabinogion. Eles encaixam certinho no panteão da bruxaria celta, especialmente quanto às suas características de trazer a fertilidade.

Baphomet é outro nome do deus das bruxas, que é também o deus dos Templários! Este deus é também conhecido como o "Deus Chifrudo", porque é freqüentemente mostrado com chifres, ou com a aparência de um animal de chifres (cervo, bode ou touro).

Este deus é adorado hoje em conciliábulos de todo mundo e pode ser um dos ídolos mais antigos da história. Pinturas nas cavernas de Ariége, na França, mostram o xamã (ou "feiticeiro") vestindo um traje com chifres. Até mesmo Ninrode é freqüentemente mostrado usando uma máscara ritual com chifres.

Outra forma muito comum do deus das bruxas nas ilhas britânicas e o chamado "Homem Verde". Esta figura geralmente tem uma cabeça verde com vinhas saindo de sua boca – e nunca tem um corpo! As semelhanças aqui são muito impressionantes para ser meramente coincidência.

É importante lembrar que os sacerdotes originais da Grã-Bretanha pagã eram os druídas, e que eles tinham as chamadas "universidades bardas" (uma espécie de seminário satânico) por toda a França, Grã-Bretanha e o Mediterrâneo quase mil anos antes da chegada dos Templários. Como veremos, a influência dos Templários também foi grande nas ilhas britânicas.

NEGANDO JESUS CRISTO

Uma das acusações mais sérias e mais incríveis arremessadas contra os Templários é que eles negavam Jesus como parte dos seus Rituais de Iniciação. Visto que supostamente a Ordem era cristã, jurava defender os lugares santos em Jerusalém e proteger os peregrinos, como eles poderiam estar envolvidos em algo blasfemo? Surpreendentemente, uma confissão-chave desse tipo de negação não foi extraída sob tortura, mas no lugar de reunião ligeiramente mais "civilizado" da Inglaterra.

Pode ser que nunca saibamos a plena extensão de verdade ou de falsidade das acusações contra os Templários. Muitos dos cavaleiros preferiram ser queimados na estaca do que confessar essas coisas.

Em 1314, o Grande Mestre Jacques De Molay enfrentou o mesmo destino, negando todas as acusações. A lenda diz que quando ele estava sendo executado, manteve que era inocente e proclamou que tanto o rei, Filipe, e o papa, morreriam dentro de um ano! A maldição funcionou, pois tanto o rei quanto o papa de fato morreram dentro do ano.

Se maldição foi simplesmente um apelo para a justiça divina ou um verdadeiro ato de bruxaria é uma pergunta sem resposta.

Tampouco as mortes das duas potestades podem ser atribuídas com alguma segurança ao sobrenatural. Se os Templários tinham uma aliança com os Hashishim, podem ter selecionado alguma técnica de assassinato. É portanto possível que tanto o rei quanto o papa tenham sido assassinados para continuar a "lenda" do poder formidável dos Templários, até mesmo além do túmulo.

Se essa era a intenção, foi bem-sucedida, muito além dos sonhos mais alucinados de qualquer um. Os Templários têm sido um dos assuntos mais duradouros nas sociedades secretas e nas ordens ocultas até hoje.

A Movimentação das Colunetas e o Acendimento das Velas

Irm∴ Oswaldo Ortega
Or∴ de São Paulo – SP

O presente trabalho tem como propostas: 1º – procurar saber por que a Maçonaria adotou nos seus mistérios as três Ordens de Colunas Gregas: a Jônica, a Dórica e Coríntia e se vale para o seu desvelamento tentar encontrar uma alegoria de cada uma isoladamente e/ ou, uma outra abrangendo-as num "todo".

2º – Buscar o real significado da movimentação das Colunetas quando uma fica levantada e a outra em pé, movimentação está usual no "Emulation Ryte" do inglês e do R∴ E∴ A∴ A∴ das GGr∴ LLoj∴ Brasileiras.

3º – Questionar se há alguma analogia entre a movimentação das Colunetas com o cerimonial de acendimento das Velas existentes nos Ritos Adonhiramita e de Schroeder.

No que tange às Colunetas, a fim de situarmo-nos no que possa existir por detrás dos seus movimentos, teríamos que primeiramente nos ater em relação a um pouco de história da antiga Grécia, e levar na devida consideração, que uma maneira de identificar uma Ordem de Construção é considerá-la sob o ponto de vista da sua Arte Final numa Obra Acabada.

Quanto ao que de oculto possa estar contido no acendimento das Velas, destes dois Ritos que ora estamos analisando, a nossa atenção tem ou teria que estar voltada para duas linhas de influências sendo uma Teísta Anglicana (igreja inglesa) e outra racionalista, com a possível influência dos Iluministas na nossa Ordem por volta do século 18, podendo terem impregnado de maneira hermética, a sua doutrina filosófico-moral e religiosa, perpetuando-as dentro de um desenvolvimento Ritual, no caso presente, o Rito de Schroeder, que foi o primeiro a usar liturgicamente o acendimento de Velas, porém com palavras diferentes das do Adonhiramita, o que destaca uma ou a sua particularidade.

Para a nossa melhor compreensão do que deve estar velado dentro destes Rituais, procuramos o "porquê de ser" de cada uma destas ações alegórico-ritualísticas na sua integração com interação.

A fim de entendermos as três Colunas nos seus significados isolados e também conjuntamente à ação Ritual de que são parte, teremos que forçosamente pesquisar o lado da história dos primórdios de regiões como a Jônia, a Dória e as cidades de Esparta, Corintho e Mileto: é o que faremos a seguir.

A Jônia era uma faixa continental litorânea da antiga Grécia situada numa área banhada pelas águas do Mar Jônico.

Entre os seus habitantes apareceram os primeiros Pensadores classificados didaticamente na história da antiga Filosofia Grega em seu 1º capítulo, como Jônios anteriores e posteriores.

Enquanto os primeiros buscavam a essência primeira das matérias inertes primárias (ou matéria-prima) formadores dos corpos; os segundos especulavam as matérias por seus movimentos que uma vez amalgamadas, dariam existência aos seres vivos, e eles estudavam também as leis do movimento universal.

Mais tarde, os grandes pensadores do esplendor da filosofia Grega, Sócrates, Platão e Aristóteles, confessaram sua admiração e agradecimento pela inestimável contribuição ao Saber, legado pelos seus antecessores Jônios. E foi um deles, do período posterior, Empédocles (495-435) que intuiu ser o corpo vivo, uma junção de quatro matérias-primas, assim denominadas, até que Platão mudasse seu nome, para o de elementos, que também foi aceito por Aristóteles, e são os hoje chamados de quatro antigos elementos da natureza, água, água, ar, terra e fogo, que vingou por mais de 2.000 anos e somente modificado por Lavoisier. (Sabe-se hoje que existem mais de cem elementos.)

Tantas e tão importantes foram as elaborações filosóficas engendradas por nomes como os de Thalles, (624-548 a. C.), Anaximandro (61-11-547 a. C.), Anaximenes (588-524 a. C.) todos de Mileto do período anterior, e os posteriores Heráclito (535-475 a. C.), Anaxágoras (500-428 a. C.) e mais alguns além do já citado Empédocles (495-435 a. C.) que a expressão "Jônica, Jônios" ou tudo o que seja a eles relacionado, estão também ligados simbolicamente ao Saber ou a Sabedoria. (Os Irm∴ adeptos deste tipo de matéria, encontrarão nos exemplares 369-Maio/92, 375-Maio/93, 376-Agosto/93 e outros subseqüentes da revista "A Verdade", farta e importante literatura de autoria do nosso Irm∴ Raimundo de Albuquerque que é, entre muitas outras coisas, professor de Filosofia.)

A Coluna Jônica tem uma altura de nove (9) vezes o diâmetro do fuste com 24 estrias e em seu capitel existem notáveis volutas que lembram uma severa e vetusta dama por suas madeixas e semelhança das perucas do templo de Luiz XV de França.

A sua base tem quatro (4) plataformas como se fossem degraus e, acredito, seria interessante o acompanhamento dos números contidos nas medidas, já que estes, talvez mera coincidência ou não, são a semelhança dos usados nos mistérios das antigas sociedades iniciáticas, senão vejamos: Este da Coluna Jônica, o nove, é o número representativo da eternidade porque é o único entre os demais que, multiplicando por si, pela unidade e por qualquer outro número e reduzidos cabalisticamente resulta sempre unicamente nele, conforme o exemplo a seguir: 9 x 9 = 81 que somado resulta em 9 x 1 = 9...9 x 2 = 18 de cuja soma reduz-se ao 9...9 x 3 = 27 e de cuja soma se reduz a 9 e vai daí até o infinito.

O vinte e quatro, pelas doze horas do dia e doze da noite, mostra os contrários por onde nossa vida tem o seu relativo existir, o quatro (4), simboliza a obra manifestada, e, imanente a ela, a consciência da sua existência ou seja, o micro no macro, o Homem dentro do Universo.

Acreditamos pelo o que foi até aqui exposto, se justifica o simbolismo da Sabedoria ligado à Coluna Jônica.

A Dória era uma região montanhosa sem uma importância maior a ser destacada, porém deu origem aos Dórios que no século XII a. C. invadiram as planícies e em local apropriado alguns séculos após, fundaram a cidade-estado de Esparta.

Seus naturais, com o transcorrer do tempo, se tornaram poderosos combatentes, notáveis pelo porte atlético e majestosos na sua aparência física que denotava muita força e energia, resultado de um contínuo adestramento recebido visando a sua formação e transformação em valentes guerreiros.

A Coluna Dórica, que leva o nome da região de onde originaram-se os Espartanos, e se, visualizada for na sua configuração por inteiro, ela evocará uma forte impressão de solidez; por isso junto à lembrança do povo que lhe deu origem, tem ela o simbolismo da Força, convindo verificar ainda, que o seu perfil nos traz à lembrança a figura de um homem imponente.

Esta Ordem, na simplicidade que exterioriza, tem um fuste cuja altura é de sete (7) vezes o seu diâmetro, e o seu capitel mostra a forma de uma larga taça sem os pés, inexistindo uma base visto que seu fuste, que tem 24 caneluras (meia-cana), se assenta diretamente no piso.

Como o número 24 já foi possível da nossa análise, vejamos agora o que temos sobre o número sete (7) que basicamente identifica a Coluna e é composto da soma do número três (3) evocador da divindade, que se manifesta pelo espírito, ainda que seja através da idéia.

Em havendo um caos se transformando e dando lugar ao estabelecimento da Ordem e harmonia pela manifestação da matéria, pode se intuir, por esta afirmação, como se o 3 (o espírito) se somasse ao 4 (a matéria) e dessa união resultasse o 7, (o homem matéria + homem espírito); falível um e eterno o outro, vivendo o homem enquanto matéria, um tempo relativo com princípio, meio e fim, é o que se pode ilar como verdade dentro da relatividade do nosso conhecimento.

A Coluna Coríntia, pela suavidade das suas formas, é evocadora de uma jovem alta, esguia, delgada e tem também para essa sua aparência uma altura de 10 vezes o diâmetro do seu fuste, que pelo destaque na sua parte superior, e singeleza na inferior, de certa forma, lembra a figura de uma juvenil donzela nua.

O fuste tanto pode ser canelado quanto em mármore, como liso sendo de granito. Esta Coluna emblematiza a Beleza basicamente pelo Capitel, um verdadeiro arranjo florido em folhas de acanto.

Sua nudez pode ser aceita pela simplicidade das outras duas partes, (portanto afora o capitel) sendo que, inclusive, sua base é mais ou menos igual a base da Jônica.

O número 10 simboliza o "tudo e o todo" porque do conjunto de dez algarismos, nove representam valores intrínsecos i/é, exclusivos em si mesmo, sendo o último, o nove, o de maior valor, aquele que encerra um ciclo.

O "0" (zero) representando numerologicamente o caos, i.é., o nada relativo, já que o nada absoluto não existe, e uma vez tendo sido a Ordem estabelecida, o 0 dá lugar a unidade, o número 1, que pode ser princípio e extensão, evolui através dos números seqüenciais, quando encerrando o ciclo, ultrapassando o 9, o 0, potencializado pela unidade, o 1, se transforma em 10, representativo do todo absoluto, aglomerando conjuntamente, Deus, o homem, o Universo, enfim a Obra Manifestada.

Estas divagações sobre os números contidos nas Colunas, reputamos como sendo mera coincidência, porém não deixam de despertar a nossa atenção.

O Ritual da GLESP na primeira instrução, direciona o seu ensinamento, de tal forma, onde nós trabalhando em nós mesmos, Pedra Bruta que somos também, a Sabedoria, a Força, a Beleza, a Régua, o Maço, o Cinzel, o Prumo, as Colunas, Jônica, Dórica e Coríntia, a Pedra Bruta, o Ven.·. Mestr.·., o 1º Vig.·., o 2º Vig.·. e nós novamente, na condição de Aprendiz, tudo e todos, numa primeira situação dentro de uma idéia de trabalho:

A isso a instrução alia a necessidade de sabedoria ao Venerável (que somos nós) no uso da Régua com 24 polegadas também somos nós), e que, por ser específica, se transforma num Símbolo discernente como necessária a capacitação, não somente da formulação da idéia, mas também para a sua plena realização, numa obra final como resultado dessa idéia.

Na tentativa de encontrar respostas ao porquê de "ser assim" quanto a movimentação das colunetas, chegamos à conclusão que não será um símbolo estático, a nos dar a solução, e sim uma alegoria dinâmica como esta que estamos engendrando e por abstração, estamos tentando mostrar.

Dentro desse mundo de "Alice no país das maravilhas" onde somos, a Coluna Jônica, a Sabedoria, a Régua discernente, instrumento que lembra a inteligência voltada ao saber, somos também o Ven.·. Mestr.·. como princípio e extensão que se completa nos Vigilantes.

E por assim sê-lo, uma vez, que conseguindo visualizar na pedra, de feias arestas, os suaves contornos que o seu cerne comporta, o Aprendiz transformado em Ven.·. e trabalhando em si mesmo transporta-se para a figura do 1º Vig.·. (como extensão do Ven.·.) pois saindo da idéia, passa agora a obrar no real.

Por seu simbolismo de força de vontade, numa ação já agora temporal, e não apenas estando na idéia como representa o fato de ficar de pé a coluneta do Ven.·. Mestr.·. porém, no mesmo propósito desta, que é, transformar a Pedra Bruta em Pedra Cúbica, a coluneta do 1º Vig.·., passa também a ficar alevantada, pois está nesses momentos de Trabalhos em Loja, unindo a sabedoria, a força, a idéia está sendo projetada na obra em construção.

Assim, esta (a força), pelo seu instrumento representativo, o Maço, não pode dispensar o Cinzel, que é um anteparo a ela e ao mesmo tempo um seu delineador, numa demonstração de que a vontade tem que estar equilibrada pelo saber, ou seja, qualquer força, mesmo quando necessária, tem que sempre ter um seu controlador equilibrante.

Quando do término das nossas Sessões, é como se a nossa obra estivesse pronta, daí por que não se precisa mais, nem da idéia, (a coluneta do Ven∴) e nem da ação, (a coluneta do 1º Vig∴ ficando ambos abaixadas), e se levantando e permanecendo em pé, mesmo com o Templo fechado, num simbolismo de obra acabada", apenas a coluneta do 2º Vig∴.

Por quê? Indagarão, alguns, ainda sem uma melhor compreensão; responderemos: uma obra somente pode ser exposta desde que esteja acabada.

E toda obra, em sendo pura, é bela, por isso, a beleza, (nome da coluneta do 2º Vig∴) se confunde com a arte final de um trabalho, daí o nome de Beleza, ao fim último, do trabalho de um Maçom, Arte final, Arte Real de/ou numa Obra Acabada. No Rito Adonhiramita logo no início da Sessão, quando da incensação, o Mestr∴ de CCer∴, nesta ação, liga de forma mais ou menos a semelhança das colunetas dentro dos Ritos, já passível dos nossos estudos, a palavra Sabedoria ao Ven∴ Mestr∴, a palavra Força, ao 1º Vig∴, e a palavra Beleza ao 2º Vig∴, e cumprida esta etapa diz aos demais OObr∴ "Que a paz reine em nossas Colunas".

Ao que se saiba, não existia o ato de incensar, quando da transposição da Maçonaria Operativa para os chamados aceitos, razão para se perguntar qual o motivo do incensamento dentro do contexto deste Rito.

Deduz-se daí, ser esta Cerimônia, tão-somente preparatória, pois que psicologicamente, sublimará as almas dos seus participantes, numa ação mística dentro de um Rito também místico.

Por ser o simbolismo, uma forma de transmitir conhecimentos, entendemos estar na proposta do incensamento, o objetivo de por seu olor, ativar o cérebro, pela via do olfato, levando as pessoas na sua psique, a um elevado estado de exaltação espiritual. Na queima das resinas, os gases emanados, movimentando-se para o alto funcionam, como se estivessem levando consigo, para junto de Deus, nossas preces, os nossos pedidos de perdão por arrependimento ou uma solicitação de ajuda, e, em troca, as nossas oferendas.

Na verdade, o ato de incensação, é uma alegoria psicodinâmica, num simbolismo axial de ligação, que busca unir as coisas da terra ao céu, do homem a Deus.

Numa análise isenta de sentido outro que não a sua razão de "assim ser," parece-nos que a união em trilogia das palavras, Sabedoria, Força e Beleza, dirigida às Luzes da Loja, unida ao Acendimento de Velas, foi o de tentar demonstrar de maneira hermetizada, a doutrina filosófica do Rito, que é teísta e desenvolve suas ações ritualísticas numa liturgia, praticamente cultural-religiosa, sendo de se lamentar e talvez seja esse um dos motivos (sabemos que existem outros) que a Gr∴ Loja Unida da Inglaterra, Potência mãe da Maçonaria Simbólica, não reconhece como regular, este muito belo Rito Adonhiramita. Levando em consideração ter, este trabalho, unicamente o fim de pesquisa, na seqüência faremos o seu estudo, por uma análise de Ritos comparados. Por ocasião do acendimento das Velas no Rito Adonhiramita, o Mestr∴ de CCer∴ junto ao Ven∴ Mestr∴ diz: "Que a Luz da sua Sabedoria ilumine os nossos Trabalhos". Tendo acendido a Vela, diz: "Sua Sabedoria é infinita" e faz o mesmo.

Junto ao 1º Vig∴ que diz: "Que a Luz da Sua força nos assista em nossa obra", complementando, "A Sua força é infinita" e finalmente ao 2º Vig∴ que diz "Que a Luz de Sua beleza se manifeste em nossa obra"; a seguir, "Sua beleza é infinita" (percebe-se aqui, a existência de invocação e evocação de Deus, por sua Onisciência (sabedoria). Onipotência (força), e Onipresença que resulta em beleza, já que em tudo está, por Sua perfectibilidade.

Ao término dos trabalhos, existe esta manifestação ritualística, começando agora pelo 2º Vig∴ dizendo "Que a luz de Sua beleza continue flamejante em nossos corações", 1º Vig∴ "Que a luz da força, permaneça atuante em nossos corações", e Ven∴ Mestr∴ "Que a luz de Sua sabedoria habite os nossos corações".

Dentro do desenvolvimento ritualístico acima, o ser humano é colocado em total dependência de Deus, pelo Seu saber, poder e perfeição e ao homem, nada, afora essa total dependência, o que revela ser este um Rito radicalmente Teísta.

Comparemos agora, um e outro, pelas palavras de início e encerramento do Rito de Schroeder.

Ven.·. Mestre: "Sabedoria dirija a nossa obra"; 1º Vig.·. "Força execute-a"; e o 2º Vig.·. "Beleza adorne-a".

As palavras da trilogia aqui, são evocadas (e não invocadas), em forma de abstrações de cunho moral e objetivamente indutoras a um nosso exemplar comportamento social humanístico, pois situa o homem, antropomorficamente colocado como "centro do Universo" já que é unicamente dele a consciência do existir desse Universo.

No encerramento, a ordem não é inversa; ela saltita, começando pelo 1º Vig.·. que diz: "Que a Luz se apague, mas em nós atue o fogo da força" – o 2º Vig.·. "Que a luz se apague, mas que fique em nós o brilho da beleza" – e o Ven.·. Mestr.·. "Que a luz se apague, mas que sobre nós continue o brilho da sabedoria".

A exemplo da Abertura, o Encerramento continua evocando para o homem, o que é de si e deve permanecer em si.

Existe ainda neste Rito Schroeder, (que dele temos a visão como Deísta) uma muito interessante ligação com o "Emulation" que é o fato de embora as Velas, não estarem colocadas acesas em cima dos altares, estão por sobre Colunas, Jônica, Dórica e Coríntia, (pequenas Colunas) fixas, circundando (3) três ângulos do pavimento mosaico o que nos mostra um outro detalhe da sua específica visão doutrinária do Rito sem, porém, se desligar dos fundamentos dos primórdios da prática maçônica agregada aos antigos landmarques.

Na comparação entre os dois Rituais (Adonhiramita e Schroeder), percebe-se que enquanto o primeiro "evoca Deus invocando-O", e o segundo "tão-somente O evoca" pela exaltação do homem.

Entre aceitar a verdade do "crê ou morre" dos Ritos Teístas, que são impositivos e que tem um caminho mais fácil pois não solicita esforço mental de ninguém, e sim obediência ao seus "axiomas, "parece-nos que o coordenador do Rito de Schroeder, escolheu um caminho mais difícil, porém mais Deisticamente racional, já que este assunto metafísico envolve problema de foro íntimo, qual seja a aceitação ou não de Deus pela verdade revelada.

O Iluminismo, embutido neste Ritual, engrandecendo o homem, e colocando-o no centro do Universo do qual somente ele tem a consciência (de si e do Universo), não precisa nenhuma equação racional para afirmar que se auto-exaltando como a principal obra da criação, não esteja o ser humano também exaltando ao seu Criador, e assim embora Deisticamente, revela sua crença num GADU, Deus.

Todos os Ritos têm bases doutrinárias com profundos ensinamentos filosóficos embutidos hermeticamente nos seus desenvolvimentos ritualísticos que podem e devem ser diferenciados, uns dos outros; porém, sem se desligarem das origens dos antigos Landmarques, a fim de serem tidos como regulares.

Cabe a nós velar aos profanos, esses mistérios, desvelando-os, somente a nós outros, Maçons, pequenos iniciados que somos, visando tão-somente a grande iniciação, com certeza, o nosso fim último. Estão abertos os debates em torno deste assunto.

Meditemos!

Fontes

Noções de História da Filosofia
Palestra do Irm.·. Joaquim da Silva Pires
Pe. Leonel França
Ritual GLESP-GOSP – Adonhiramita
Instruções para Loja de Companheiro – Editora “A TROLHA”
Enciclopédia Barsa

O Mito de Hiram na "Viagem ao Oriente" de Gérard de Nerval

Irm∴ Ricardo Mário Gonçalves
Or∴ de São Paulo – SP

Salomão mandou chamar Hiram de Tiro, filho de uma viúva da tribo de Neftali e cujo pai era de Tiro e trabalhava em bronze. Era dotado de grande habilidade, talento e inteligência para executar qualquer trabalho em bronze. Apresentou-se ao rei Salomão e executou todos os seus trabalhos.

I Reis 7: 13-14.

*Mas tu sabes que eu próprio sou um dos **filhos da viúva**, um **louveteau** (filho de mestre), que fui educado no horror do assassinato de Adoniram e na admiração do Santo Templo cujas Colunas eram cedros do Monte Líbano.*

*Gérard de Nerval – **Viagem ao Oriente***

∴

INTRODUÇÃO

No Painel da Loja de Mestre encontramos, entre outros Símbolos, duas representações fúnebres: um ataúde e uma caveira encimando dois fêmures – e não tíbias, como muitos Rituais dizem – cruzados[1]. Esses Símbolos nos lembram a morte de Hiram, dramaticamente vivenciada no Rito de Exaltação do Terceiro Grau.

A narrativa da morte de Hiram é uma amplificação do relato bíblico sobre a construção do Templo de Jerusalém por Salomão. É o

(1) CASTELLANI, José – **Liturgia e Ritualística do Grau de Mestre Maçom**, S. Paulo, A Gazeta Maçônica, 1987, p. 67.

que, na literatura hebraica, denominamos de **midrash**: uma narração inspirada no texto bíblico mas que não o segue ao pé da letra, acrescentando detalhes e episódios que não constam do Livro da Lei. Do ponto de vista da História das Religiões, podemos dizer que essa narração é uma variação do tema arquetípico do deus que morre e ressuscita, presente nas civilizações do Oriente Próximo, cujos principais avatares são: Dumuzi na Suméria, Tammuz na Babilônia, Baal em Ugarit, Osíris no Egito, Adonis da Síria e, **last but not the least**, Jesus Cristo...

Neste trabalho mostraremos como o tema da morte de Hiram – Adoniram em algumas versões – foi apresentado, em forma de narrativa romanceada, em uma das obras-primas da literatura do século XIX, o romance **Le Voyage en Orient** (a Viagem ao Oriente) do poeta e romancista Gérard de Nerval.

VIDA E OBRA DE GÉRARD DE NERVAL

Em seu recente livro **La Religion de l'Art** (A Religião da Arte), o Irm.·. Gilberto Durand, autoridade internacional em Antropologia do Imaginário, mostra-nos que no século XIX, por causa da banalização sofrida pelas igrejas, transformadas em meras difusoras de códigos de moral e centros de movimentos políticos e sociais, as pessoas sedentas de uma genuína experiência religiosa começaram a procurá-las em outros lugares que não os templos: no Orientalismo, nas Lojas Maçônicas e nas artes: pintura, música, literatura, etc. Neste último campo, poder-se-ia falar de uma verdadeira Religião da Arte. Obras literárias e musicais do período – como as obras de Richard Wagner, por exemplo – constituem um veículo de expressão de legítimas experiências espirituais e iniciáticas e produzem em seus apreciadores reações e emoções semelhantes às vivenciadas pelos devotos e iniciados nos templos, santuários e igrejas.

Gérard Labrunie (1808-1855), mais conhecido pelo pseudônimo literário de Gérard de Nerval, foi, sem dúvida, um dos grandes profetas ou sacerdotes dessa Religião da Arte, no campo da literatura. Filho de um médico dos exércitos de Napoleão, desde muito jovem revelou irresistível vocação para as Letras. Contrariando seu pai, que preferia vê-lo dedicar-se a uma profissão "respeitável" segundo os padrões burgueses da época, viveu exclusivamente de sua atividade literária. Pertenceu à legião dos "poetas malditos" – gênios incompreendidos e marginalizados, muitas vezes transpondo as perigosas fronteiras da loucura – como Rimbaud, Baudelaire, Edgar Allan Poe e, mais recentemente, Antonin Artaud. A vida de Nerval foi bastante atribulada, chegou ele a atravessar fases da mais negra miséria. Sempre solitário, viajou bastante através da Europa e, em 1843, fez uma viagem ao Oriente Próximo: Malta, Grécia, Cairo, Alexandria, Beirute, Chipre, Rodes, Esmirna e Constantinopla. Nessa viagem encontrou ele inspiração para sua obra **Le Voyage en Orient**. Não resistindo ao fascínio das poderosas imagens arquetípicas que brotavam em catadupa de seu inconsciente, as quais permeiam obsessivamente toda a sua obra literária, sofreu vários ataques de loucura e passou por períodos de internamento em clínicas de doenças mentais. Acabou por sucumbir: numa fria manhã de janeiro de 1855 enforcou-se na rua da Vieille-Lanterne, em Paris.

Desde muito jovem Nerval notabilizou-se como escritor. Em 1825 celebrizou-se publicando sua tradução francesa do extraordinário drama **Fausto** do Irm∴ Goethe. Essa tradução foi aprovada e elogiada pelo autor. Além de **La Voyage em Orient**, deixou romances como **Promenades et Souvenirs** (Passeios e Recordações), **Angélique, Sylvie, Les Filles du Feu** (As Filhas do Fogo), **Aurelia** e numerosos poemas, dentre os quais destacamos alguns com conteúdo espiritual e iniciático como **El Desdichado, Horus, Delfica, Vers Dorés** (Versos Áureos) e **Érythréa**.

Gérard de Nerval foi um dos escritores mais cultos de seu tempo. Possuía uma excelente formação em literatura greco-latina e conhecia as grandes obras-primas das principais literaturas européias. Apaixonado pelo misticismo e pelo sobrenatural, leu os grandes místicos e iniciados como Martinez de Pasqually, Swedenborg, Jacob Böhme e Paracelso. Estudou as religiões e os mistérios antigos nas obras de Athanasius Kircher, Dom Pernety e Court de Gebelin. Conhecia também o famoso romance iniciático **Sethos** do Abade Terrasson, inspirador da **Flauta Mágica** de Mozart. Impressionado por seus sonhos, que relata minuciosamente em seus romances, recusava-se a interpretá-los psicologicamente: para ele os sonhos representavam revelações vindas de um mundo oculto e transcendente.

GÉRARD DE NERVAL E A MAÇONARIA

Embora relate, num dos episódios de **La Voyage en Orient**, que conseguiu se aproximar dos Drusos do Líbano – que ele considera uma espécie de Maçonaria oriental – por ser Maçom, na realidade Nerval nunca pertenceu à Ordem. O conhecimento da lenda de Hiram que expôs em seus romances lhe veio de seu pai – esse sim era Maçom – e de um amigo que foi para ele “mais do que um pai”, o Dr. Vassal, oficial do Grande Oriente, presidente do Colégio dos Ritos e escritor maçônico. Embora tenha se declarado Maçom numa carta escrita a 17 de outubro de 1857 e dirigida a seu médico e amigo o Dr. Blanche, e declarado numa carta a George Sand datada de 23 de novembro de 1853 que “a acácia lhe era conhecida”, não era iniciado, parecendo confundir a filiação carnal a partir de um Maçom com a Iniciação Maçônica propriamente dita[(2)].

O MITO DE HIRAM EM “LA VOYAGE EN ORIENT”

Les Voyage en Orient[(3)] não é um relato verídico da viagem do escritor ao Oriente Próximo em 1843. É uma narrativa romanesca em que recordações autênticas de cenas e episódios da viagem se misturam com devaneios e narrativas puramente imaginárias.

A narrativa do mito de Hiram está inserida na última parte da obra que tem por cenários Constantinopla, durante o mês de Ramadan, quando os muçulmanos jejuam durante o dia e fazem suas refeições à noite. Certa noite, Nerval está num café dos bairros de trabalhadores da então capital do Império Otomano e lá ouve um contador de histórias narrar a **Histoire de la Reine du Matin et de Soliman, Prince des Génies** (História da Rainha da Manhã e de Solimão, Príncipe dos Gênios). Trata-se de uma narrativa legendária sobre a vida do rei Salomão tal como era conservada em terras islâmicas, enriquecida por episódios imaginados pelo próprio Nerval, alguns deles inspirados pela tradição maçônica.

Vejamos o resumo da trama. Salomão contrata o célebre Mestre artesão Adoniram para construir o Templo de Jerusalém e enriquecê-lo com maravilhosos ornamentos e objetos de culto de bronze. Salomão recebe a visita de Balkis, a rainha de Sabá, cujo reino ele ambiciona conquistar.

Apaixonando-se pela rainha, Salomão tenta seduzi-la. Entretanto,

---

(2) BÉRESNIAK, Daniel – **Franc-Maçonnerie et Romantisme**, Paris, Chiron, 1987, p. 133.

(3) NERVAL, Gérard de – **La Voyage en Orient**, 2 vol., Paris, Garnier – Flammarion, 1980.

a rainha se apaixona por Adoniram e planeja fugir com ele, uma vez terminadas as obras de construção do Templo. Enciumado, Salomão instiga três trabalhadores perversos e invejosos, Phanor, Amrou e Methusael, a assassinarem Hiram. Eles assim o fazem e Balkis, que já deixara Jerusalém, espera em vão pelo Mestre artesão no caminho. O corpo de Adoniram é oculto pelos assassinos mas é descoberto por nove Mestres. Estes tentam em vão reanimar o cadáver e então observam que a pele do mesmo já está se desprendendo dos ossos. Um deles então exclama: – MAKBENACH – que significa: A CARNE SE DESPRENDE DOS OSSOS. Essa expressão torna-se a nova palavra de passe dos Mestres, em substituição da PALAVRA PERDIDA.

Salomão não assume sua culpa e responsabiliza os três trabalhadores pelo assassinato de Adoniram. Os assassinos fogem mas acabam sendo reconhecidos e mortos por trabalhadores de um país distante, onde eles estavam vivendo usando nomes falsos.

Na narrativa de Nerval Salomão não é o sábio rei retratado pelo texto bíblico. É descrito como um tirano mesquinho e egoísta que tem pretensões a sábio mas sempre acaba fazendo papel ridículo diante de seus cortesãos. Dominado pelos sacerdotes hebreus, descritos como fanáticos obscurantistas e inimigos do progresso e das ciências, passa a nutrir ódio e inveja por Adoniram. Este é retratado como um grande Mestre das ciências e das artes, descendente de Caim e Tubalcaim. Esses dois personagens da tradição bíblica são vistos por Nerval como grandes benfeitores da humanidade que tentaram guiá-la pela senda do progresso técnico e científico, mas são perseguidos e condenados por um Deus ciumento que prefere ver os homens acorrentados nas trevas da ignorância para assim melhor servi-Lo e adorá-Lo.

Em suma, Gérard de Nerval nos apresenta uma leitura "prometeica" do mito de Hiram, típica do século XIX, que fez de Prometeu, o titã que segundo a Mitologia Grega roubou o fogo dos deuses para beneficiar os homens, o seu modelo mítico perfeito. Lembremos que o século XIX, momento em que ocorreu a Revolução Industrial, caracterizou-se pela crença ingênua no progresso ilimitado do ser humano fundamentado na evolução da ciência e da tecnologia. Essa crença ingênua está na base de ideologias como o Positivismo e o Cientificismo e também de filosofias políticas como o Marxismo, cuja pretensão de construir um "socialismo científico" hoje nos faz sorrir...

Adoniram, na visão de Nerval, é o paladino da ciência e da técnica que luta contra as forças retrógradas da tirania, da superstição e da religião institucionalizada. Ele sucumbe mas, na interpretação de Nerval, seu ideal permanece vivo nas corporações de Obreiros das quais deriva a Franco-Maçonaria.

CONCLUSÃO

O grande sucesso alcançado pela obra de Nerval junto ao público leitor europeu acabou levando o mito de Hiram para os palcos. Inspirando-se na narrativa de Nerval, o compositor Gounod compôs em 1862 a ópera **La Reine de Saba** (A Rainha de Sabá). Uma das cenas da mesma mostra Adoniram sendo assassinado pelos três maus trabalhadores. Assim, a cena do assassinato de Hiram, anteriormente oculta nas recônditas câmaras dos Templos Maçônicos, acabou sendo trazida para a Luz dos palcos dos teatros de ópera, num contexto em que um antiquíssimo mito iniciático de morte e ressurreição foi combinado com a crença no progresso através da ciência e da técnica, esse novo mito do século XIX de que somos os desencantados herdeiros neste conturbado final do século XX, caracterizado pela poluição ambiental, pela degradação do meio ambiente, pela destruição indiscriminada da flora e da fauna do planeta e pelo advento de uma nova cultura, o Pós-Modernismo, que ninguém ainda sabe claramente o que virá a ser... Hoje, quando o mito de Prometeu começa a ser substituído pelo de Dionísio, o caótico deus da embriaguez e da transgressão, nossa leitura do mito de Hiram certamente tenderá a ser bem diferente daquela feita por Gérard de Nerval. Mas Hiram sempre ressurge de seu túmulo, qual fênix rediviva, a apontar novos caminhos para a humanidade e a nos ajudar a descobrir inesperados escaninhos até agora ocultos nas profundezas de nossas almas. Qual poderá ser a mensagem do mito de Hiram para os Maçons da Pós-modernidade? Tal é a importante questão que propomos à reflexão de todos os Ilrm.'. preocupados com o destino e com a missão de nossa Ordem nestes dias que antecedem de pouco o advento do século XXI.

A Opção Emancipacionista da Maçonaria Brasileira

Irm.:. Frederico Guilherme Costa
Or.:. do Rio de Janeiro – RJ

Há que se definir, inicialmente, o significado do pensamento daqueles Maçons que promoveram a emancipação política do Brasil e trabalharam pela emancipação dos escravos.

1. O PENSAMENTO MAÇÔNICO NO SÉCULO XIX

Temos uma vasta historiografia defendendo a influência das idéias francesas entre os intelectuais do país, conseqüentemente nos Maçons, sem desconsiderar a possibilidade de que a filosofia no Brasil imperial foi um luxo de uma elite rica e ilustrada e que a Maçonaria, desde os primeiros movimentos de emancipação, representou um reduto destes senhores fecundos em idéias. Por todo o século XIX, segundo esta historiografia, a influência francesa será sistemática. Isto não exclui, entretanto, uma releitura na direção de novas abordagens a respeito desta influência francesa entre aqueles que eram responsáveis pela formação da opinião pública.

Segundo nos ensina o professor Dr. Marco Morel(1), no século XIX existia três tendências da opinião pública:

1: A opinião pública como a "Rainha do Mundo", entendida como o juiz da razão;

2: A opinião pública como sendo a voz da maioria: opinião pública jacobina;

3: A opinião pública como a voz popular. Uma voz geral.

Estas três tendências conviviam e até se mesclavam. O ponto em comum era o entendimento de que aos homens de letras caberia

---

(1) Curso de Mestrado intitulado ***Sociabilidades e práticas culturais no Brasil no século XIX,*** UERJ, 1996, 2º período.

transmitir as idéias. Portanto eram estes intelectuais, muitos Maçons, que formavam o ideário daquela sociedade.

Segundo nos informa João Cruz Costa[2], "o **ecletismo** foi, **(...)** no Brasil, mais que o positivismo, a 'filosofia que mais extensas e profundas raízes encontrou na alma brasileira' e, ainda no fim do Império, ele tinha vigência, se não a tem até hoje". O ecletismo se apresentava como conciliador de opiniões. Convinha aos interesses das velhas oligarquias que queriam reformas, mas sem a revolução.

Sem negar a influência do positivismo, datado de antes de 1850, Cruz Costa acredita que exagerou-se a influência dele na formação intelectual daquela geração, na firme convicção de que "a maioria dos positivistas aderiu apenas ao espírito cientificista da época"[3].

Sérgio Buarque de Holanda[4], reconhece a importância da Maçonaria na independência, destacando o papel que os Maçons puderam desempenhar no movimento de libertação. Afirma ainda que a partir de 1852 esta importância entrou em declínio, "confundindo-se com ela (...) uma doutrina [positivismo], também agnóstica e que na era do Progresso, visava a nada menos do que a regeneração da Humanidade pela Ciência"[5].

Admite-se que a Maçonaria dita "especulativa"[6] nasceu sob o impacto das **luzes que iluminavam a Europa dos setecentos**. Seus membros viveram as grandes transformações que se operaram no mundo. No Brasil tivemos Maçons de tendências muito variadas. Sem uma ideologia definida, a Maçonaria caminhou par e passo com as elites brasileiras, apesar de ter representado uma ponta de modernidade ao defender a emancipação dos escravos e apoiar, através de quadros importantes no cenário nacional, discretamente a República, notadamente a partir de 1870.

Tratar da história das idéias da Maçonaria no Brasil é, também, descrever as idéias alienígenas. São elas que vão formar o "pensar

---

(2) João Cruz Costa. "O pensamento brasileiro sob o império" ***in*** **História Geral da Civilização Brasileira**, T. II. 3º volume. São Paulo: Difusão Européia do Livro, 1969.

(3) Idem, p. 330.

(4) Sérgio Buarque de Holanda. "Da Maçonaria ao Positivismo" ***in*** **História Geral da Civilização Brasileira**, T. II, 5º volume. São Paulo: Difusão Européia do Livro, 1972.

(5) Idem, p. 289.

(6) Este termo significa não se tratar de uma Maçonaria Operativa, própria da Idade Média. A Maçonaria "especulativa" teve o seu início em 1717 na cidade de Londres, Inglaterra.

maçônico". Assim, num processo de longa duração na evolução que se apresenta nas idéias maçônicas brasileiras, desde o advento da Independência, os Maçons acabam por representar um papel carbono do discurso europeu.

A Maçonaria, trazida para o Brasil foi, num primeiro momento, início do século XIX, francesa e deísta. Tratava-se de uma Maçonaria que defendia uma religião natural que procurava, pelo menos nos seus fundamentos teóricos, igualar todos os homens, que não negava a existência de um Deus único, neutro, chamado de Supremo Arquiteto do Universo. Em um segundo momento, notadamente a partir de 1850, novas idéias começaram a se fazer sentir nas Lojas e na elite da Maçonaria brasileira: o positivismo que marcou o momento de maior transformação da mentalidade de uma nova burguesia e que possibilitou um desvio do político da Maçonaria brasileira na direção do humanismo. Visto sob este aspecto, talvez o declínio apontado por Sérgio Buarque de Holanda tenha sido uma mudança de rota dos Maçons, naquele momento histórico, na direção do humanismo contido na filosofia moral que buscava descobrir o homem pelo homem. Este humanismo ao lado do humanitarismo marcou esta geração maçônica preocupada com o escravismo.

Para expressar um sentimento de compaixão para com o homem, não importando a sua condição social e até mesmo os eventuais desvios morais, dentro de um entendimento universal, independente de credos religiosos e ideologias, utilizamos o termo humanitarismo. Ensina o dicionário(7) que o humanitarismo representa a doutrina filosófica e política que visa a eliminar as injustiças reinantes no mundo a fim de se alcançar a felicidade humana, o amor a humanidade, a filantropia. Assim, em nome desta disposição afetiva devemos ultrapassar as exigências da justiça, pois onde não chega o direito, deve sobrevir o afeto, a afeição e o amor ao próximo, principalmente se ele é, eventualmente e naquele momento histórico, "inferior".

Eric Williams(8) nominou estes humanitaristas de "santos". No seu estudo, o autor admite que "deliberadamente considerou de maneira secundária a desumanidade do sistema escravista e o humanitarismo que destruiu esse sistema"(9). Entretanto, admite que "desprezar isso

(7) Aurélio Buarque de Holanda. **Novo Dicionário Aurélio da Língua Portuguesa**. 2ª ed. Rio de Janeiro: Editora Nova Fronteira, 1986.

(8) Eric Williams. **Capitalismo e escravidão**. Rio de Janeiro: Companhia Editora Americana. 1975.

(9) Eric Williams, op. cit., p. 199.

completamente porém, seria cometer um grave erro histórico e ignorar um dos maiores movimentos de propaganda de todos os tempos. Os humanitaristas foram a ponta de lança do assalto que destruiu o sistema das Índias Ocidentais e libertou o negro"(10).

Não se trata de apresentar a emancipação do negro como resultado único de uma abominável injustiça, mas pontuar a Maçonaria como promotora do ideal humanitarista nos diversos momentos em que se propôs a promover a libertação do negro. São princípios constitucionais da Instituição a condenação e exploração do homem(11), proclamando que ele deve ser livre e igual em direitos(12).

Ao lado de emancipacionistas vamos encontrar, principalmente após a promulgação da lei do Ventre Livre, abolicionistas notórios como Joaquim Nabuco(13). Apesar dos Maçons abolicionistas, o comportamento da maioria dos Maçons sempre foi na direção da abolição lenta e gradual, respeitando a propriedade. Não foi outro o comportamento dos positivistas brasileiros que, se não negavam o seu mestre, defendendo a eliminação da escravidão, propunham, como a maioria dos Maçons, a moderação racional na questão do negro no Brasil.

Sem ser positivista, a Maçonaria brasileira, naquele momento, confundiu-se com o positivismo, na busca da "regeneração humana". A preocupação com a escravidão, com o federalismo e, finalmente com a República, entendida como progresso científico, pode ser, igualmente, encontrada, tanto nos pronunciamentos positivistas quanto nas atas de diversas Lojas Maçônicas. Entretanto, seria temerário identificar esta sede filosófica [positivismo] com a Instituição, pois a mesma no Brasil se apresentava muito mais contraditória do que se pode imaginar, daí a imensa dificuldade de se determinar, com segurança, a influência do pensamento brasileiro na Maçonaria no século XIX.

2. A OPÇÃO EMANCIPACIONISTA

No que se refere à luta em favor da emancipação do negro escravo – ***as fontes que estamos reunindo atestam esta obstinação***

---

(10) Idem, ibidem.

(11) Constituição do Grande Oriente do Brasil, art. 1º. Brasília: Poder Central, 1991.

(12) Idem, III.

(13) Joaquim Aurélio Barreto Nabuco de Araújo 19/08/1849 + 17/01/1910 (Washington). Iniciado na mesma Loja de Rui Barbosa: Loja "América", de São Paulo, em dezembro de 1868.

dos Maçons brasileiros –, podemos afirmar que a Maçonaria atuou enquanto Instituição. São inúmeras as atas de Lojas Maçônicas determinando o pagamento de alforrias o que permite concluir que os Maçons defendiam a ***emancipação***, dentro dos pressupostos da ***gradualidade***, dentro da lei, da ordem e do respeito à propriedade. Atesta esta disposição, o ocorrido em 1874 na Loja Maçônica "Lealdade e Brio".

Em correspondência de 5 de outubro de 1995, recebemos do Irmão Nílton de Almeida, residente na cidade de Presidente Epitácio (SP) um boletim de sua autoria, comemorativo do centenário da LOJA MAÇÔNICA "LEALDADE E BRIO", da cidade de Resende (RJ), datado de 11 de dezembro de 1970. Neste documento encontramos a seguinte transcrição de uma ata de 1874:

> *Dia 15 de outubro de 1874 – Sessão de Finanças – foi pedido um tronco(14) requerido pelo Irm∴ Umbelindo, para comprar carta de alforria da escrava de nome Benedita, com 12 anos presumíveis, que viera à porta da Loja pedindo misericórdia por estarem a sua procura a fim de açoitá-la e reconduzi-la ao tronco. Corrido o Tronco de Beneficência foi colhida a quantia de 200$000 (duzentos mil réis) e a escrava libertada.*

O autor do referido boletim ainda nos dá algumas informações, conseguidas com os membros mais antigos da Loja sobre esta alforria da escrava de nome Benedita(15).

Temos ainda dois episódios relatados pelo Maçom Nílton de Almeida a respeito do trabalho em prol da emancipação do negro, levado a cabo por esta Loja da cidade de Resende. O primeiro se refere a uma lista, preparada no dia 28 de abril de 1878, para completar a quantia de 220$000, tendo como finalidade alforriar um escravo de 3 anos de idade de nome Pedro, propriedade de João Carlos da Silva Siqueira que queria matá-lo por ter feito uma travessura, tendo ficado o dito escravo em poder do Irmão Magno. A carta de alforria foi obtida, segundo nos informa o autor do boletim, no dia 25 de junho do mesmo ano. O outro episódio relatado nos dá conta que em 1882, a Loja lançou um protesto público junto aos poderes municipais e à Corte, publicado num jornal da cidade a pedido do

(14) Coleta de dinheiro
(15) Cif. Anexo 1

presidente da Loja, por terem sido mortos e esquartejados três escravos na praça da cadeia.

Nas atas desta Loja Maçônica, segundo foi observado por Nílton de Almeida, sempre consta que determinado Irmão libertou uma criança ou uma preta velha e, especificamente, na ata de 01 de setembro de 1883, a criação de uma escola noturna, naturalmente para os menos favorecidos, a exemplo do § 3º do art. 3º do projeto de abolição de Rui Barbosa, apresentado à Loja "América" à consideração do Grande Oriente Brasileiro do Vale dos Beneditinos, de 4 de abril de 1870, que determinava:

> *Ficam também obrigadas todas as oficinas brasileiras a empregar todos os esforços possíveis dentro da esfera de seus recursos pecuniários, a fim de divulgar ativamente a educação popular, criando nos seus competentes vales escolas gratuitas de ensino primário, já noturnas ou domingueiras para adultos de todas as classes, já diurnas e diárias para crianças de um e outro sexo.*[16]

Em 12 de março de 1996 o referido Irmão passou a nos enviar as atas originais transformando, portanto, esta fonte secundária em primária.

Em 24 de junho de 1873 era fundada, em Recife (PE), a Loja "Segredo e Fraternidade" subordinada ao Grande Oriente Unido, liderado por Saldanha Marinho. Quando foi feita a fusão deste Grande Oriente com o Grande Oriente do Brasil, em 1882, esta Loja alterou o seu nome para "Cavaleiros da Cruz". Em 1887, apresentou um projeto sobre a emancipação da escravatura no Brasil[17], mostrando que a idéia emancipacionista era defendida nas Lojas Maçônicas de norte a sul.

Descoberta pelo pesquisador maçônico Marcos Santiago, temos uma carta do Chefe de Polícia Caetano José de Andrade Pinto, datada de 15 de junho de 1875, encaminhada ao Grão-Mestre do Grande Oriente do Lavradio, Visconde do Rio Branco, relatando a situação do escravo Apolinário, ***branco***, de 28 anos, então recém-chegado do Maranhão, propriedade de Alberto Ferreira da Silva Santos, e o pedido de intervenção da Maçonaria:

> *E porque esteja convencido da philantropia desenvolvida, em caso taes, pelas Sociedades sob a direção Superior de V. Exª, vou rogar a V. Exª toda a benevolência afavor do*

---

(16) Cif. **Obras completas de Rui Barbosa**, v. I. t. I. Primeiros Trabalhos.
(17) Cif. Anexo 2.

> *infeliz Apolinário, certo de que aquelas Sociedades apreciarão o ensejo de pôrem em prática a elevada missão de beneficência aos desvalidos.*[18]

Do mesmo documento consta o despacho do Grão-Mestre ao Grande Secretário, Dr. Luiz Antônio da Silva Nazareth, de 21 de junho do mesmo ano, determinando que, "ouvido a Com.·. de Beneficência e o Irm.·. Thezoureiro Geral informe qual o auxílio que podemos prestar e que m^to^ desejo se realize".

Este despacho do Grão-Mestre vem comprovar que a Maçonaria brasileira atuou enquanto Instituição na defesa da emancipação do negro, ou seja, gradualmente e respeitando a propriedade, ao contrário da opção abolicionista que pretendia a liberdade imediata e sem compensação de qualquer espécie.

Estas fontes aqui apresentadas, ao lado de inúmeras outras que estamos reunindo, estão a confirmar a proposta ilustrada da emancipação lenta e gradual do escravo e o papel da Maçonaria brasileira. Apesar dos inúmeros Maçons **abolicionistas** como Joaquim Nabuco e José do Patrocínio[19], não há como se falar de uma Maçonaria abolicionista, mas de um movimento emancipacionista lento e gradual iniciado na geração contemporânea da Lei Eusébio de Queirós[20] e concluído com a Lei Áurea, conforme atesta a ata da Loja ***"Independência e Luz"***, de Barra Mansa.

Esta fonte é muito importante porque o ato se deu no dia 14 de maio de 1888, um dia após a promulgação da Lei Áurea. Essa Sessão foi convocada extraordinariamente para comemorar a lei de abolição da escravatura no Brasil. Nessa ata é dito, pelo Venerável, que "apesar da Maçonaria não ter podido abertamente advogar a causa dos cativos, esta idéia sempre vegetou no seu seio". Foi lembrado que "partiu de um Grão-Mestre da Maçonaria a promoção da Lei do Ventre Livre[21] e que outro[22] acaba de promover a emancipação completa, libertando o país dessa instituição anti-humanista e nefasta".

---

(18) Cópia do documento em nosso poder.

(19) Seu nome consta em publicações e documentos do GOB. Membro da Loja "União e Tranqüilidade nº 2".

(20) O Conselheiro Eusébio de Queirós era Maçom. A comprovação pode ser feita no discurso proferido pelo "Irmão" Antônio Alves Coruja, in Boletim do Grande Oriente do Brasil, março de 1872, p. 108.

(21) Visconde do Rio Branco.

(22) João Alfredo Correa de Oliveira, eleito Grão-Mestre em 1881 no lugar do visconde Rio Branco, falecido em 1880. João Alfredo foi presidente do penúltimo gabinete imperial, cabendo-lhe o privilégio de chefiar o Ministério da Abolição.

ANEXO 1

Isto é o que diz a ata do dia, mas contam os Irmãos mais antigos que há anos passados comentavam os daquela época que num dia de tempestade, quando se discutia as despesas da Loja, foram ouvidas fortes pancadas na porta da frente acompanhadas de gritos de socorro. O Irm∴ Umbelindo, Cobridor, foi atender e uma escrava, abraça-lhe as pernas e grita por socorro, pois vinham-lhe matar por ter fugido do tronco. O Irmão perguntou-lhe por que viera ter ali e a escrava conta-lhe que já fora em diversas casas mas não atenderam-na e na última mandaram ir lá [na Loja] que seria atendida. Com o alarido, outros Irmãos foram saber o que se passava e a Sessão foi suspensa, ocasião em que chegaram o feitor de uma fazenda acompanhado de dois escravos que vieram ao encalço de Benedita. Entrando em entendimentos, foi tratado o preço de 200$000 pela escrava. Procurando saber o que acontecera, o feitor contou que a escrava fingia-se doente e fora amarrada ao tronco para castigo, quando a menina, chorando em lágrimas convulsas, tremendo de febre, contara que há dias estava doente, não comia e não tinha mais forças para o trabalho, que a matassem mas pelo amor de Deus não a deixassem voltar para o tronco. Reaberta a Sessão, agora para resolver o caso de Benedita, foi corrido o Tronco de Beneficência e completada a quantia do preço ajustado pelo Irmão Umbelindo, o qual ficou responsável pela escrava. Até por volta de 1920 e mesmo depois, Benedita era apontada nas ruas de Resende, como a escrava que "os Bodes libertaram".

ANEXO 2

Cópia autêntica do projeto elaborado pela Loja Capitular "Cavaleiros da Cruz" em Sessão realizada em 10 de outubro de 1887 sobre a emancipação da escravatura no Brasil

PROJECTO

A AUGUSTA LOJA CAPITULAR CAVALEIROS DA CRUZ RESOLVE O SEGUINTE:

ART. 1º

A contar do dia 7 de Novembro em diante, à nenhum Irmão d'esta Loja será permitido possuir escravos por qualquer título, devendo até libertar os que ainda tiver.

ART. 2º

Antes de qualquer iniciação ou feliação o iniciado ou filiado tomará por escripto o compromisso de libertar todos os escravos que possuir ou haja de possuir.

ART. 3º

Os Irmãos que tiverem escravos incluídos na libertação pelo fundo de emancipação na presente quota, poderão receber as importâncias das libertações, assignando também compromisso de não possuir mais escravos, nos termos ao Artigo 2º, depois que receberem as alludidas importâncias.

ART. 4º

Ao Irmão desta Loja fica, expressamente prohibido sob pena de eliminação, advogar, requerer ou promover qualquer medida contra o escravo; denunciar o seu esconderijo; castigar corporalmente ou consentir que alguém, que estiver sob a sua ordem castigue ao homem escravo; finalmente, praticar qualquer acto pelo qual reconheça o direito de um homem sobre o outro homem.

ART. 5º

Solicitar dos Poderosos Soberanos da Maçonaria que a presente resolução seja generalizada a todos os Filhos da Viúva.

ART. 6º

Qualquer Irmão que faltar ao cumprimento desta Lei, será considerado perjuro, conforme o juramento que prestou.

O Venerável
SEBASTIÃO LOPES GUIMARÃES 33.

O 1º Vigilante
ANTÔNIO CARDOSO DE ALMEIDA 18

O 2º Vigilante
FRANCISCO PAULINO CABRAL 18

O Orador
ANTÔNIO TEIXEIRA DE GONÇALVES

O Secretário
EDUARDO

A Verdadeira Opção pela Maçonaria

Irm∴ Vidigal de Andrade Vieira
Or∴ de Carangola – MG

"VOCATUS ATQUE NON VOCATUS DEO ADERIT"
(ORÁCULO DE DELPHOS)

Vem alguém à minha propriedade e diz: "Aqui é muito pobre, só tem algumas pedras, algumas árvores e algumas cabras". Essa pessoa não viu a minha propriedade. Aquilo era só o terreno, só a parte material, só o território. O principal estava invisível. O que faz minha propriedade é aquilo que não se vê, e que liga as pedras, as árvores e as cabras, e me liga a tudo isso.

(Saint-Exupéry)

ATO I – O MITO

Sabe-se que o imperador chinês Jetsung costumava pedir aos nobres da sua corte que lhe contassem uma história encantada por dia, pois acreditava que por detrás de cada mito encontra-se oculta uma verdade perdida, herdada de algum período anterior de cultura.

Todo conto e todo mito possui um rico e vasto conteúdo simbólico e arquetípico. Para compreendê-lo plenamente precisamos ler com os olhos do espírito. Somente então, compreenderemos as mensagens místicas ocultas sob o véu da palavra. (Chiang Sing)

Poderíamos citar várias estórias, lendas e mitos que pontuam a importância do Encontro e da Palavra (Verbo), como forma de desvelar e desvendar Verdades Ocultas pelo véu do simbólico. Mas, importante é saber a seqüência da instalação e perpetuação de um mito: Fato Concreto (realidade) = Observação (fenômeno) = Senso Comum (cultura) = Lenda (mito, crenças) = Verdade (símbolo, linguagem).

Sócrates afirmava que nada iria deixar escrito, pois o que chegasse a escrever seria diferente do que havia primariamente pensado, quem fosse ler o que ele escreveu iria interpretar de forma diversa ao que ele havia pensado e escrito e, passaria adiante, infinitamente, essa babel de interpretação pessoal. Portanto, a interpretação da realidade é sempre subjetiva e pessoal, baseada nas crenças, valores e ideologias apropriadas pelo indivíduo no seu contexto sócio-histórico-cultural, caracterizando a relatividade do conhecimento e desmistificando o caráter de verdade absoluta que se tenta apregoar, como forma de controle e dominação.

Na Maçonaria encontramos Símbolos, mitos e lendas e nos deparamos com o Homem frente à busca de conhecimento, entendimento e discernimento a respeito de sua realidade, colocando-o frente a questão central do objetivo maçônico, o como e o porquê a Maçonaria pode ser um instrumento mediador entre a sua inteligência e a Natureza Cósmica, o que nos remete a mais uma lenda maçônica.

Conta-se uma lenda a respeito da origem da Maçonaria, a partir da história de uma senhora viúva, que morava na roça com seus dois filhos já adultos (Os filhos da viúva), modestamente vivendo do que plantavam e colhiam do solo. Como é de costume no meio rural, o filho mais velho casou-se primeiro e mudou-se para uma propriedade mais distante, permanecendo o filho mais novo para cuidar de sua mãe, cada qual passando por suas dificuldades financeiras. Individualmente e sem conhecimento do outro, por ocasião da colheita, cada um separou uma significativa quantidade de sua produção para ser levada, de forma sigilosa, ao celeiro do irmão. Como vários caminhos existiam entre as propriedades, ambos conseguiram realizar seu intento percorrendo trajetos diferentes e preservando o seu anonimato. Ambos ficaram surpresos e alegres quando, ao retornarem às suas casas, depararam com aquela substancial ajuda; durante algumas outras colheitas repetiram o mesmo procedimento sem serem descobertos, até que em uma determinada colheita, devido a forte chuvas, várias estradas ficaram intransitáveis, levando ambos os Irmãos a utilizarem o mesmo trajeto. Surpresa enorme se deu quando os Irmãos se depararam com a carroça repleta de alimentos, ficando explicitada a intenção de cada um fazer o bem ao outro, de forma fraterna e desinteressada. Neste momento, tremendamente emocionados, se abraçaram e choraram sendo que, naquele momento, estava fundada a Maçonaria com seus princípios de Fraternidade, Amizade e Caridade.

ATO II – O FATO

Cidade de Faria Lemos, interior de Minas Gerais, Loja Maçônica "Novo Século" com data de fundação oficialmente registrada em 1901, estando ocorrendo um trabalho de pesquisa para se buscar documentos supostamente perdidos que confirmariam uma data anterior de 1897. Por essa ocasião, como seria a forma de Irmãos comparecerem às Sessões da Loja? A cavalo, muitas vezes debaixo de chuva e tempestade, levando-se dias entre a saída e o regresso à sua cidade de origem (cidades vizinhas de Carangola, Natividade, Varre Say e Itaperuna) fatos narrados por Irmãos antigos daquela Loja, que conheceram os seus fundadores.

Fato como esse deve existir por todos os cantos do nosso planeta, exaltando o caráter do idealismo, amor, amizade, abnegação e fibra de tantos Irmãos desbravadores, cada um superando-se e vencendo as adversidades em prol do ideal maçônico, merecendo serem honrados e admirados pela sua bravura e determinação, cada um fazendo a sua parte, conduzindo o seu quinhão, colocando em prática o exemplo de um pássaro solitário que conduz uma gotícula de água para apagar o incêndio da floresta.

O que fica evidente e que pretendemos ressaltar é o caráter nobre de homens Maçons destemidos que faziam a verdadeira opção pela Maçonaria por acreditarem nos seus princípios e na possibilidade de atingirem conhecimentos e crescimento pessoal através da freqüência e do relacionamento-intercâmbio com outros Irmãos da mesma estirpe. Desta forma, nos fica uma responsabilidade muito grande de preservarmos e darmos continuidade a esse portentoso empreendimento humano respeitando, dignificando e honrando esses nossos Irmãos antigos, batalhadores e fundadores.

Portanto, cabe-nos uma reflexão sobre nós mesmos e a nossa geração de Maçons: estamos realmente empenhados e comprometidos com esse ideal de pedreiro construtor? A nossa opção pela Maçonaria é autêntica e determinada? Por que freqüentamos semanal e sistematicamente as Sessões de nossas Lojas, por que retornamos todas as semanas, meses e anos a fio? Por que gostamos da Maçonaria e qual é o bem que ela nos possibilita?

ATO III – O QUESTIONAMENTO

Existem Sessões Maçônicas, as Sessões Magnas, que nos transportam e somos levados a questionar dialeticamente sobre materialidade e espiritualidade, remetendo-nos ao mais íntimo de nós mesmos e ao mais longínquo da consciência cósmica. Sessões como as de Sagração do Templo, Pompa Fúnebre, Iniciações e Exaltações. Nessas ocasiões somos colocados em contato direto com os seres espirituais-elementais, os seres invisíveis, que encontram-se para além do Templo Físico. O tijolo não mais é um simples artefato de terra, com o físico tomando uma dimensão transcendente e mística. Da mesma forma, ao invocarmos a presença e a proteção do Grande Arquiteto do Universo na Abertura dos Trabalhos Maçônicos, transportamo-nos para o nosso Templo Interior, com uma intenção positiva, salutar e de somar com os demais Irmãos, especificamente simbolizada pela Cadeia de União, ocasião em que se pode perceber e entender além das aparências, desvelando-se mistérios e reconhecendo Verdades desde sempre sabidas mas atualmente esquecidas (veja o Mito da Reminiscência de Platão).

A Intenção do verdadeiro encontro maçônico se dá bem antes do meio da Sessão. Começa quando fazemos nossa Opção de comparecer à Loja, optando por esta escolha dentre várias outras possíveis, procurando usar o traje correto para se buscar a identidade e uniformidade, com o desejo firme de se elevar templos à virtude, através da prática da harmonia, paz e prosperidade compartilhada com todos os Irmãos, buscando-se através de uma íntima e solitária reflexão burilar a nossa Pedra Bruta. Porém, embora essa caminhada seja fruto de um progresso individual, pode e deve ser compartilhada com todos os Irmãos, através de instruções, diálogos e exemplos, por ser através do Verdadeiro Encontro Maçônico que se consegue despertar e preservar o Ideal da Maçonaria, que não morre nunca.

Uma instituição somente se mantém sólida e perene quando os Homens que a compõem procuram perpetuá-la através da **OPÇÃO PESSOAL**, colocando-a como um **IDEAL DE VIDA** e manifestando uma **INTENÇÃO PURA E VERDADEIRA**, preservando os seus pilares e valores culturais, o patrimônio físico e histórico legado pelos seus antepassados, evoluindo, adaptando-se e progredindo de acordo com os acontecimentos e necessidades específicas de seu tempo e espaço.

Cabe aqui um outro questionamento final. Estamos nós verdadeiramente comprometidos com a nossa evolução pessoal e coletiva, com os problemas de nossos Irmãos e com os Ideais da Maçonaria? Acredito que o empreendimento maior de uma Loja Maçônica de Estudos e Pesquisas seja o de possibilitar o resgate da nossa identidade e de nosso processo evolutivo-histórico enquanto Maçons, através do Encontro, Relacionamento e Intercâmbio de idéias e ideais de Irmãos realmente interessados em conhecer, aprofundar, pesquisar, verificar e difundir esses conhecimentos e seus significados, para uma utilização prática e buscando encontrar novos e valorosos interessados em compartilhar desta caminhada evolutiva, preparando-se para dar garantia e continuidade a esse trabalho de transmissão e preservação da Ordem Maçônica Universal.

"PHÁNTOM CHREMÁTON MÉTROM ESTEN ANTHROPOS"
(PROTÁGORAS)

Referências Bibliográficas

BACH, Richard. *Ilusões – As Aventuras de um Messias Indeciso.* Rio de Janeiro: Record, sd.

BUBER, Martin. *Do Diálogo e do Dialógico.* São Paulo: Perspectiva, 1982.

CAPRA, Fritjof. *O Ponto de Mutação.* São Paulo: Círculo do Livro, 1982.

DANCE, Frank E. X. (org). *Teoria da Comunicação Humana.* São Paulo: Cultrix, 1973.

DREHER, Diane. *O Tao da Paz – Guia para a Paz Interior e Exterior.* Rio de Janeiro. Campus, 1991.

GRISCOM, Chris. *O Tempo é uma Ilusão.* São Paulo: Siciliano, 1989.

JUNG, Carl G. (org). *O Homem e seus Símbolos.* Rio de Janeiro: Nova Fronteira, sd.

LAO-TZU. *Tao-Te King – O Livro do Sentido e da Vida.* São Paulo: Pensamento, 1991.

ROHDEN, Huberto. *Bhagavad Gita – Sublime Canção.* São Paulo: Alvorada, sd.

SING, Chiang. *Jade Vermelho – Contos Mágicos.* Rio de Janeiro: Freitas Bastos 1984.

Referências Bibliográficas

O Triângulo, a Estrela Flamejante, o Selo de Salomão e os seus Mistérios

Irm∴ Orestes Lima Cipolatti
Or∴ do Rio de Janeiro – RJ

Estes são Símbolos importantes da nossa Ordem.

O TRIÂNGULO, por ser a primeira figura regular perfeita, caracteriza o SER ETERNO; é um Símbolo da trindade divina.

O DELTA SAGRADO com um IOD ou um OLHO no centro, é uma constante em nossas Lojas, logo acima do Altar do Venerável Mestre, em sua Cátedra.

Observe-se que a palavra DEUS tem como inicial, em latim e nas línguas neolatinas, o DELTA grego, que representa o triângulo.

Os antigos e modernos têm considerado como sagrado o triângulo, cujos lados figuram os três ramos de tudo o que existe.

Nicola Aslan explica que o Triângulo Eqüilátero, entre os primeiros Maçons, era símbolo da trindade, padroeira dos arquitetos e dos pedreiros; que o triângulo, conquanto composto de três linhas e três ângulos, forma um todo completo e indivisível; é símbolo de geração e criação – o todo em sua continuação.

Os hebreus já empregavam essa figura, com um IOD no centro, para representar o tetragramaton, ou nome divino.

Os egípcios acreditavam que o triângulo eqüilátero era a figura mais perfeita, e que representava o grande princípio da existência animada, referindo-se cada um de seus lados a cada um dos reinos da criação: anima, vegetal e mineral.

Boucher comenta que "o triângulo de Pitágoras é o único, que por expressar uma progressão aritmética de razão 1: 3, 4, 5 é chamado algumas vezes de triângulo de ouro, cujos lados estão em relação com o número de ouro.

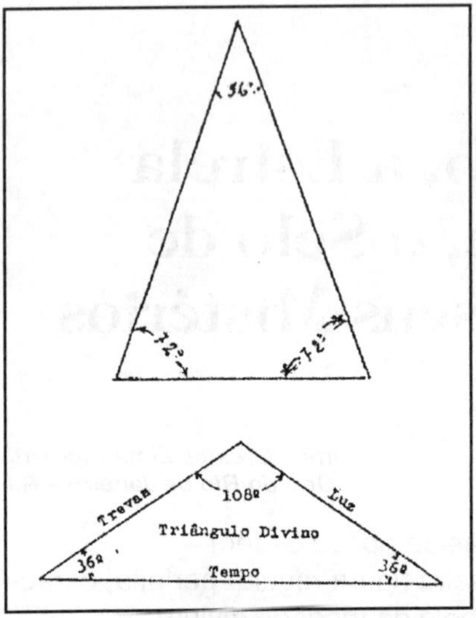

TRIÂNGULO SUBLIME OU DO EQUILÍBRIO

A expressão "NÚMERO DE OURO", aplicada ao calendário, qualifica um ciclo de dezenove anos, onde os dias da semana voltam às mesmas datas; designa também, e sobretudo, uma proporção dita divina, na qual a menor parte, relacionada com a maior, é como a maior no todo.

Chama-se de "sublime", o triângulo que forma a ponta do tetragrama, cujo ângulo é de 36º e os dois da base 72º cada um; essa designação de "sublime" foi-lhe dada pelos pitagóricos.

Este é o triângulo do frontispício de nossos Templos e é o trino triângulo da ESTRELA FLAMEJANTE, quando toma o nome de TRANSPOSIÇÕES JUSTAPOSTAS, o que nada mais é do que o PENTÁGONO REGULAR ESTRELADO, também chamado de Pentagrama ou Pentalpha.

Este símbolo tem o significado de "votos de boas vindas", ou como diz Pitágoras, discípulo do sábio Samos, este símbolo equivale a "Passe bem pela vida!" ou seja, é um convite para que se viva bem.

Perceba-se, então, que o Pentagrama é o entrosamento de três triângulos divinos, cada um representando a trindade na Bio-uni-diversidade, como nos assevera Ragon: "Como em seus três ângulos o triângulo significa Passado, Presente e Futuro e, ao mesmo tempo, o triângulo em si, é a eternidade; então os três triângulos no Pentagrama são a projeção da materialização de Deus, quer em sabedoria, força ou beleza, atributos da Essência Absoluta, bem como no sentido do Sal, Enxofre e Mercúrio, princípio da obra divina em atuação, o que quer dizer que o Pentagrama em seus três triângulos justapostos representa também os três reinos da Natureza – o Império do Criador – as três faces da revolução perpétua: Nascimento, Vida e Morte", revolução esta em que Deus governa e é governado, pois o Pentagrama é a representação da existência da eternidade em forma de ELÉTRONS em tudo e todos.

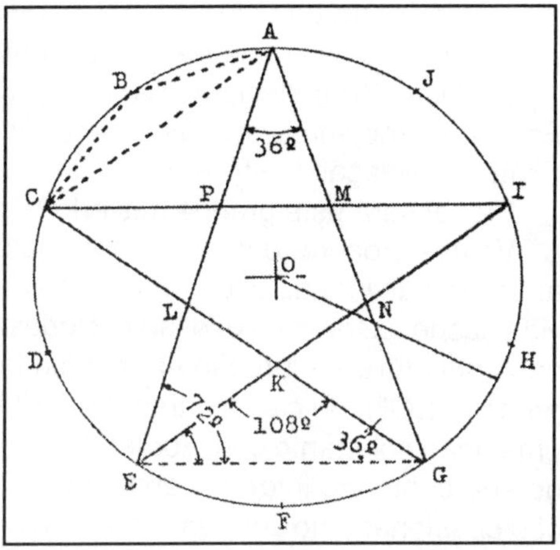

Na antiguidade o pentágono foi chamado de "UGÉIA" do nome da deusa Hygia.

Sendo Hydia a deusa da saúde, eram escritas nas cinco pontas dessa estrela, as cinco letras do seu nome tomando a conotação também de "BOA SORTE".

Existem autores que afirmam que este símbolo com a letra G em seu centro, já teria sido usado pelos Templários nas insígnias de seus generais.

Segundo Varoli Filho, a Estrela Flamejante foi introduzida na Maçonaria em 1767, graças ao Barão de Tschoudy, criador do Rito Adonhiramita.

Então esta estrela de cinco pontas apresentada com um só vértice dirigido para cima é considerada um símbolo ativo e benéfico; no entanto, estando a estrela invertida em sua posição, não com um, mas com dois vértices dirigidos para cima, passa a ser considerado um símbolo passivo e portanto maléfico.

Nesta última posição, em vez de representar o homem de braços abertos e pernas também abertas, rutilante no todo da Estrela, representa o emblema da animalidade e de baixos instintos.

O Pentagrama foi encontrado em numerosas pedras gravadas; ele sempre foi um sinal mágico relativo ao poder da vontade humana. As proporções misteriosas que nele aparecem fizeram com que os Construtores da Idade Média lhe atribuíssem considerável importância.

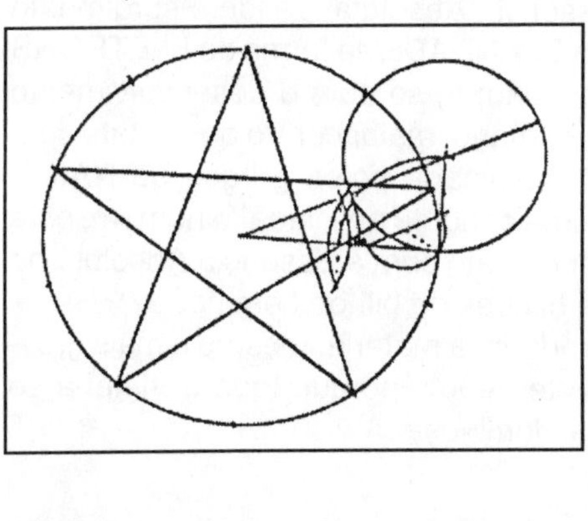

Agora, vejam bem que os Maçons especulativos supriram suas linhas internas para deixar-lhe somente o contorno, privando-a, assim, de grande parte do valor simbólico, privando-a da exposição ou do conhecimento de sua parte oculta científica.

O Mestre Wirth declara: "Quando o Companheiro pode dizer "Vi a Estrela Flamejante", é porque ele penetrou o grande mistério do 2º Grau da Iniciação Maçônica".

E qual será este grande mistério?

Vamos procurar entender o triângulo em si. Para isso temos que abordar a divindade como uma ação eterna; ela é que impulsiona a vida desde a Grande Explosão misteriosa que tomou o nome de Grande Arquitetura – Vibração energética inicial, quando veio a surgir o primeiro ÉON, ou cientificamente, o ELÉTRON, o que passou a ser uma ação constante com aumento de neguentropia, isto é, aumento de seu conteúdo informacional abternum em seu estágio na evolução ocasionada no ser pensante, a ação e a reflexão; e, este conhecimento ETERNO é que é a harmônica universal, o qual passa à percepção humana como sentimento de amor no seu sentido mais profundo.

Devemos considerar que este elétron é um micro-universo fechado mergulhado no nosso espaço tempo da matéria; é Deus vítima de seu "PECADO ORIGINAL" – a CRIAÇÃO DO UNIVERSO, podendo Ele só se manifestar sob duas formas: no próprio seio de seu espaço – a ETERNIDADE (forma de auto-reflexão) – ou através de ações "à distância" no universo interior do Iniciado – o homem místico que concentrado pode vislumbrar seu inconsciente.

Esse segundo caso se subdivide também em comunicação à distância – no espaço-tempo em ação de conhecimento, ou em comunicação à distância com outros elétrons (AMOR NUMA CONSTÂNCIA, A QUE FOI A RAZÃO DA CRIAÇÃO DO UNIVERSO).

No estado involutivo da Essência Absoluta, desde o surgimento do ÉON primeiro, expande-se a DIVINDADE na forma de ELÉTRONS para cumprimento da lei da criação; e, só com o desenvolvimento dos pontos energéticos do ser humano, maior centro de contato com a força divina, força essa cognominada pelos gregos de RAIOS SOPHIA, é que, em razão de uma conduta policiada, o homem, este micro-universo, poderá manter contato com a Essência Absoluta no seu estado micro fechado aos bilhões de bilhões em nós.

É de se notar uma particularidade: a matéria, mesmo a mais grosseira, é formada essencialmente de luz, porque toda a matéria se resume em fotons ou partículas luminosas.

Daí a alegoria bíblica na Gênesis: Deus criou a LUZ no primeiro dia e o SOL no quarto dia.

A luz é a essência íntima da matéria resultante da energia em ação. O meio no qual a matéria se move é a escuridão, a noite, as trevas, o habitat da Essência Sublime quando contida nela mesma.

O tempo começa a existir, somente quando fotons agrupados em elétrons, átomos e moléculas, formam mundos destinados a segregação.

O Pentagrama é, portanto, um holograma representativo do Macro no Microcosmo; é a ESTRELA DE CINCO PONTAS que também nos fala iluminando-nos e se iluminando para dizer da sua misteriosa conformação, que só nos será perceptível após o controle dos cinco sentidos ligados que estão aos sete pontos energéticos em nossos corpos; é quando se proporcionará ao homem o desaparecer das incógnitas com relação ao por que se nasce, por que se vive e por que se morre.

Existe em nós um movimento de recolhimento e de desenvolvimento, de involução e de evolução que são três triângulos formando o homem.

Já não é mais época de se estudar Maçonaria apenas pelo lado ético de sua tradição ou esotérico exclusivamente, é preciso se compreender Maçonaria pelo estudo do esoterismo científico de cada Símbolo nos Rituais.

Da forma que o Universo, o cérebro é um holograma.

As informações armazenadas nas zonas cerebrais são acopladas, inconscientemente, às informações emitidas pelas células todas do corpo todo, através dos elétrons que são eternos.

Então nós vimos que a ESTRELA FLAMEJANTE em seus três triângulos representa a divindade no humano ser, e é, justamente, isso que se revive no Ritual dos três Graus Simbólicos.

Já a "ESTRELA DE DAVI" ou "SELO DE SALOMÃO" é o Símbolo que representa a vida do homem na busca da Sublime Essência. Este Símbolo formado de dois triângulos eqüiláteros superpostos com os vértices, um com relação ao outro, um para cima e o outro para baixo, e às vezes quando se apresentam entrelaçados, então, encerra um sentido profundo, conforme nos afirma Wirth: "Os triângulos entrelaçados quando formando o hexagrama, representam o macrocosmo interferindo no microcosmo e vice-versa.

Simbolizam as funções de paternidade e maternidade, de Deus e a natureza, do Espírito Único e da Alma Universal, do fogo procriador com o ápide para cima, e da água geradora com o ápice para baixo.

Enquanto o Pentagrama é a expressão por excelência do signo do poder criador, ao qual nada resiste, e que existe em nós aos bilhões e em tudo, com o nome de ELÉTRONS, a ESTRELA DE DAVI, ou SELO DE SALOMÃO representa os nossos pontos energéticos, três inferiores de densa vibração, e três sutis, ficando entre os dois trinos, o centro chamado por Luiz Goulart "ÁTOMO VITAL", ou seja, a região do coração, pulmões, incluindo-se a circulação sanguínea que têm movimentos independentes de nossa vontade; movimentos esses que já são movimentos cósmicos no ser humano.

Diz Ragon: "Esta figura", falando do hexagrama, "é o emblema da sentença de Hermes dizendo que o que está embaixo é como o que está em cima".

O hexagrama são dois triângulos superpostos considerados como sendo Jeová branco, de vértices para baixo, e, o Jeová negro o de vértice para cima; é portanto, este um signo do bem e do mal.

G. Persigout associando o Selo de Salomão à Estrela Flamejante, denomina a figura resultante desta união ou superposição "HEXAGRAMA PENTALFICO"; é quando René Joseph Charlier diz, referindo-se à Câmara do Meio, que pode ser comparada ao hexágono compreendido no interior do hexagrama, onde se encapsula o ponto ou o "ÁTOMO VITAL" de Luiz Goulart, o qual no correr da evolução humana se vai transformar no símbolo da Estrela Flamejante para dizer do homem cósmico.

Estes dois hierógrafos, vamos assim dizer, bem compreendidos em seu valor oculto, é que darão razão ao soerguimento do Mestre Maçom para o terceiro milênio; e continua René em suas explicações: "Observe-se que os seis triângulos formados pelas pontas do hexagrama têm ao todo dezoito lados; os cinco triângulos das pontas do Pentagrama têm quinze lados. Dezoito mais quinze são e trinta e três, isto é, a idade de Cristo quando ressuscitou, e, o número de Graus na Maçonaria do Rito Escocês Antigo e Aceito.

Neste Rito o décimo quinto Grau é o primeiro dos Graus capitulares, e o décimo oitavo Grau é apenas uma aplicação em dados de curso superior maçônico do Grau de Mestre – (seis vezes três é igual a dezoito que é o Grau "Rosa-Cruz").

Então, quando René faz alusão ao Selo de Salomão – Estrela de seis pontas – dois triângulos entrelaçados, ou Selo de Salomão

Centrado, como ele chama, diz-nos ser este o símbolo do soerguimento, cujo ponto representa a impulsão cósmica no homem, ou melhor dizendo é o 4º ponto energético, o coração, os pulmões e a circulação sanguínea, o que se transformará no Macro-Elétron para posteriores milênios.

Antes de atingir o homem o soerguimento espiritual, objetivo da Criação Maior, este micro-universo homem terá que percursar seus sete pontos energéticos que são degraus da chamada Escada de Jacó, no andar do Carro de Deus pela vida.

Os degraus de subida do homem à perfeição, do caminho do Mestre, são expressos pela ESTRELA DE SEIS PONTAS que são três mais densos, no triângulo de ápice para baixo em soerguimento, e três mais sutis, os do triângulo de ápice para cima em atendimento à RESSURREIÇÃO.

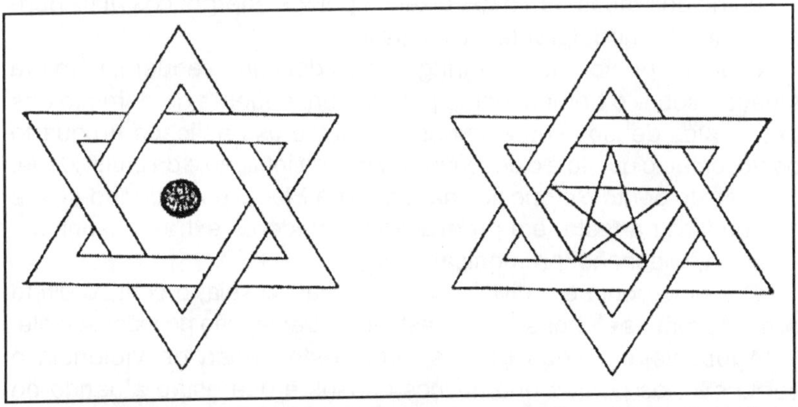

Os pontos energéticos representados pela Estrela de Seis Pontas Centrado, são os seguintes:

O primeiro é localizado na base da espinha dorsal entre o ânus e os órgãos genitais, é o mais denso; razão de o homem se voltar à violência, atacar ou correr, entristecer-se e fugir, levado pela indolência, apatia, solidão e tédio.

O segundo é o do sexo propriamente dito, a força salamândrica; está localizado na área das gônadas, dos órgãos genitais e na próstata, e é o responsável pela continuação da espécie. Seu estado involutivo leva à brutalidade, ao desespero e ao crime.

O terceiro fica na região do umbigo e é o ponto de desenvolvimento do poder; muita das vezes do poder em detrimento dos semelhantes. Seu estado subdesenvolvido dá a ganância, desejo de ter mais, medo de perder e que tem, receio de não conseguir o que quer, advindo daí, o stress, o desequilíbrio e os enfartes. Este é o ponto energético da exploração do homem pelo homem.

Estes três pontos citados são a razão de todos os males humanos.

O quarto é o ponto cósmico (coração, pulmões e a circulação sanguínea); é o ponto energético do amor. Este era de máximo desenvolvimento em Jesus Cristo – (Ama a teu próximo como a ti mesmo).

Este quarto ponto será alcançado quando já positivamente se houver desenvolvido o homem nos três pontos anteriores que pertencem ao triângulo de ápice para baixo.

Cabe aqui uma nota: uso do Avental nas Lojas, tem por objetivo o Trabalho do Maçom em não deixar os pontos energéticos mais densos prevalecendo durante a Ritualística.

O quinto ponto que é o laríngeo e os dois que seguem, vêm em atuação sobre o homem como prêmio conseqüente do domínio dos três pontos densos supracitados, e mais, o uso aplicado do quarto ponto; então o quinto é o desenvolvimento da intuição e da criatividade.

O sexto ponto é o que fica na região da Pineal estendendo-se até o intercílios na testa; é a premiação em poderes extra-sensoriais – vidência, bilocação, premonição etc..

O sétimo ponto é a divinização humana, ou seja, o contato direto com os próprios elétrons e já em estado de percepção do inconsciente.

Agora vejam meus Irmãos, que nesta época de violência e corrupção, os pontos energéticos densos é que estão atuando no mundo e vai tudo mal; é quando Deus em visando o gênero humano, tem vontade de... a tudo estagnar. Ele tem vontade de dizer num grito impetuoso que retumbe pelo Universo inteiro: PAREM! No entanto, preso que está em sua informática universal, com sua auto-programação em tudo e todos na formação de ELÉTRONS, Ele passa a gritar no escuro de nosso silêncio: PAREM! Parem por favor! E, num desespero divino... Deus chora; Deus chora implorando: Oh! Senhor ser humano! Despertai em mim, dai-me o retorno para que eu volte a ser o UNO, pois eu em tudo e todos... eu sou o sem fim.

Bibliografia

ASLAN, Nicola – Dicionário Enciclopédico de Maçonaria e Simbologia – volumes I a IV – Editora Arte Nova S. A. – Rio de Janeiro – 1974.

CHARON, Jean – L'Espirit cet Inconnu – Ed. Albin Michel – 1977.

CHARLIER, René Joseph – Pequeno Ensaio de Simbólica Maçônica – Ed. E. D. O. – São Paulo – 1964.

CIPOLATTI, Reginaldo Orestes – Maçonaria Cósmica – Editora Valença – 1994.

FRAU ABRINES – Dicionario Enciclopédico de la Masonería.

PAPUS, Dr. Gérard Encause – Curso de Filosofia Oculta – Tratado de Ciências Ocultas, I e II vols. – Ed. Três – São Paulo – 1973.

PERSIVAL – Temas de Ocultismo Tradicional.

SALVO, Salvatore de – Sinfonia da Energética.

SANTOS, Mário Pereira dos – Pitágoras e o Tema dos Números.

O Papel do Maçom na Sociedade

Irm∴ João Alberto de Carvalho
Or∴ de Belo Horizonte – MG

A FRANCO-MAÇONARIA, sem estudo, é como uma flor sem perfume!

Estudemos,
Meditemos,
Analisemos!

E seremos dignos se ser chamados filhos do Grande Arquiteto do Universo.

Para o Franco-Maçom, qualquer que seja sua religião, sua profissão, sua nacionalidade, sua condição social, a FRATERNIDADE deve ser a primeira virtude.

O objetivo maior da Maçonaria é alcançar a FRATERNIDADE entre os homens, independentemente das diferenças sociais, políticas, religiosas ou de nacionalidades. Os homens devem, sem quaisquer das distinções que os dividem, ter uns para com os outros um afeto fraterno, auxiliando-se mutuamente na realização de suas tarefas.

Outro grande preceito maçônico é a tolerância. Com grande sabedoria, disse o nosso Irmão Voltaire: "A tolerância é de direito natural e de direito humano. O grande princípio universal do direito natural e do direito humano é: "Não faças o que não queres que te façam".

Não podemos dominar os corações dos homens. Somente podemos aconselhar e agir segundo nossos próprios princípios. Podemos ensinar a lei sagrada, essa grande lei que deve ser o guia do Maçom na vida, e recordar a nossos Irmãos seus preceitos, mas, certamente, não podemos esperar que a Franco-Maçonaria realize o que nem as grandes religiões e os sistemas políticos e econômicos conseguiram realizar.

Que devemos entender por Maçonaria?

Maçonaria é um sistema de moralidade que nos leva ao conhecimento e à prática das virtudes. É uma instituição universal cujos membros se reconhecem por meios particulares. É uma escola de ensino mútuo. Somente diferencia os homens pelo valor e mérito pessoal. Não admite hierarquias nem privilégios. Nós, Maçons, nos consideramos Irmãos e assim nos chamamos. Temos o dever de ajudar-nos uns aos outros, onde quer que nos encontremos, qualquer que seja nossa condição social.

A Maçonaria não tem fronteiras. Seu campo de ação é o Universo. Não adota uma doutrina definitiva. Ao contrário: estimula seus membros a examinar todas. Não limita sua ação senão na consciência, nem levanta obstáculos no campo da investigação.

Como toda instituição composta de homens não é perfeita. É também seu objetivo dar a conhecer aos povos que não estão sós no mundo, que não podem progredir submersos no isolamento.

Que diz a Maçonaria ao homem? Sois ouro impuro e haveis de purificar-vos. Sois organismo frágil e haveis de fortalecer-vos na privação e na sobriedade. Sois caminhante desorientado e haveis de dirigir-vos pela observação e vigilância de vossos atos. Sois força sem apoio e haveis de firmar-vos com a ajuda de vossos Irmãos.

É dever da Maçonaria para com o mundo profano reconhecer que houve uma causa, uma força desconhecida e única, geradora da vida universal, pelo que, havendo a humanidade sido criada por um só princípio, toda ela deve identificar-se com o seu Criador.

Ensina-nos a Maçonaria que o pensamento não é milagre de um minuto, a cultura não é o resultado dos instantes que nos sobram dos prazeres, a vontade não é a soma de muitos pequenos caprichos. Ser arquiteto do nosso próprio destino requer energia inquebrável. Os triunfos improvisados, fáceis e brilhantes, duram tanto quanto a vida de uma flor.

A vida é como uma flecha. Temos de saber a que alvo dirigi-la e como manejar o arco para apontá-la com precisão, dispará-la e deixá-la ir. Desejar as coisas, sem orientação fixa, faz desperdiçar a vida como o vapor que se dilata no ar.

Que nós, Maçons, fazemos?

Reunimo-nos pacificamente, trocamos impressões, fortalecemos nossos laços fraternais, aprendemos e ensinamos, ajudamo-nos mutuamente, praticamos a liberdade dentro do mais estrito respeito ao direito alheio, ordenamos nossas vidas segundo os princípios da fraternidade e da tolerância.

A Maçonaria é universal, porque não conhece fronteiras nacionais, barreiras de idiomas ou de tempo. Assim, seus pontos essenciais devemos observar da forma mais rigorosa. Do contrário, perderia ela sua universalidade e utilidade.

A Maçonaria não é somente uma associação filantrópica para proporcionar auxílios mútuos e dispensar aos necessitados os favores da caridade. Tampouco é uma sociedade de admiração recíproca, criada para o fim de satisfazer a ambição e a vaidade dos que desejam ocupar postos elevados, usar insígnias, jóias e ostentar títulos pomposos. Não é um sistema de clubes ou de organizações políticas que se denominam conservadoras, radicais ou revolucionárias. Não é o apóstolo de nenhuma forma particular de governo, nem defensora de nenhum credo político ou religioso. É, sim, depositária, propagadora e defensora da Verdade como simples verdade e não como credo de nenhum homem, de nenhum partido político ou facção. Não desce, pois, das altas regiões em que tem assento, para se empenhar em controvérsias, para suscitar polêmicas, para converter-se em órgão de um partido, para promover trocas políticas, nem para dar lições elementares, defendendo ideologias sociais, administrativas ou econômicas.

A Maçonaria exige que seus membros sejam úteis à sociedade. Procura ser benéfica às futuras gerações. Deseja que sua influência, conseqüência de seus postulados, se difunda, estendendo-se e fortalecendo-se através dos tempos. Ensina a seus membros que a nobreza da natureza humana se exerce no trabalho, que o destino do homem é trabalhar e que somente o trabalho ativo e fiel assegura a felicidade, que a vida é um combate em que devemos lutar valorosamente e em que não pode triunfar nenhum espírito insaciável, que o descanso é um bem que somente se pode alcançar vencendo as tentações, as paixões e as dificuldades, e que somente depois dessa vitória podemos dormir sobre os louros. Somente o trabalho enobrece, tanto o trabalho que se empreende em benefício próprio como o trabalho que se empreende em benefício do próximo, desinteressadamente.

O cumprimento do dever é uma regra maçônica.

O uso mais nobre, talvez o único digno a que podemos consagrar nossa força, nossa energia, nossa inteligência e nossas faculdades, é trabalhar para o bem coletivo, instruir, guiar, prodigalizar conselhos físicos e morais.

A Maçonaria está submetida a provas duríssimas, mas ela resistirá heroicamente e sairá sempre fortalecida. A Maçonaria tem uma missão para cumprir e o fará a despeito de tudo o que contra ela se opuser. Em saber resistir e em saber esperar reside sua força. E em ter razão contra tudo o que signifique escravidão, ignorância, fanatismo e abjeção.

A Maçonaria em si, sociedade iniciática, não está contra o Estado, nem a seu favor, ou melhor, não é contrária nem favorável aos governos. Situa-se num plano além deles.

Como Sócrates, a Maçonaria obriga os homens a interrogarem-se. Não se assemelha a uma escola, a uma universidade, a uma Igreja. Não tem dogmas. Não ampara nenhum partido. Trabalha ao redor de um eixo central que é para alguns "a busca do aperfeiçoamento moral dos homens por meio do progresso material da humanidade e do progresso material e individual de cada um", e, para outros, "a busca da verdade", um conjunto de tendências e de idéias que se aperfeiçoam mediante a confrontação de umas com as outras.

Embora a Maçonaria não participe diretamente da direção do Estado, só tendo contato com ele por intermédio de seus filiados, é ela uma das instituições mais úteis à comunidade.

Uma instituição que propõe a seus membros que dominem suas paixões, que dissipem seus preconceitos e que contribuam por meio de seu progresso individual para o progresso coletivo, tem de ser, por força, útil à humanidade.

A tragédia de nosso tempo é que os homens sejam pobres, porque, todos nós, de um modo ou de outro, conhecemos a pobreza, nem tampouco que sejam maus, porque ninguém pode vangloriar-se de ser bom, nem menos ainda que sejam ignorantes, porque quem pode julgar-se sábio?

A tragédia de nosso século é que os homens se desconhecem como se fossem estranhos.

Neste final de século, as transformações aceleram-se. É impetuosa a corrente da mudança, tão poderosa nos dias de hoje que desagrega as instituições, sacode e altera nossos valores e faz secar nossas raízes e fundamentos. Esse impulso de aceleração traz conseqüências pessoais, psicológicas e sociológicas. A menos que aprendamos a controlar o índice da mudança nos assuntos pessoais, bem como na sociedade em geral, estaremos fadados a uma crise coletiva de caráter desagregador. No meio das mudanças mais velozes a que jamais estivemos expostos, permanecemos sem saber como sair dessa situação. Temos, pois, de adotar uma nova postura diante do futuro, uma nova conscientização.

A sociedade atual passa por um choque cultural. Temos hoje de reagir diante de concepções diversas acerca do tempo, do espaço, do amor, da religião, do sexo e de tudo o mais, valores esses em mutação incessante.

Essa é a perspectiva que hoje enfrentamos. As mudanças nos caem como avalanchas sobre a cabeça, e a maioria de nós se acha despreparada para lhe fazer face satisfatoriamente.

Vejamos os efeitos da revolução tecnológica. São eles mais profundos do que qualquer mudança social que tenhamos experimentado no passado.

Nós, neste século vinte, estamos ultimando uma era da humanidade que tem no tempo a extensão de cinco mil anos. O mundo de nossos dias é tão diferente do mundo em que nascemos como este o é em relação ao mundo em que nasceram nossos avós e nossos pais. Temos dez mil anos concedidos à supremacia da agricultura, um século ou dois concedidos ao industrialismo. E, agora, abrindo-se diante de nós, superindustrialismo.

A geração atual é diferente de todas as outras que a antecederam, por causa do significado das mudanças que estão ocorrendo. Em nossos dias, já não existem fronteiras. O que acontece em qualquer parte do mundo transmite-se e irradia-se simultaneamente ao redor do mundo inteiro. Surge, então, uma força social inteiramente nova, uma corrente de mudanças tão acelerada que influencia nosso senso do tempo, revolucionando o andamento da vida cotidiana e afetando o próprio modo como sentimos o mundo em volta de nós. Já não sentimos a vida como nossos antepassados. Essa é a diferença crucial, a marca que nos distingue. Essa transição penetra e colore nossa consciência, influenciando a maneira como nos relacionamos com os outros, com as coisas, com o universo de idéias, da arte e dos valores. Desgarramo-nos das velhas formas de pensar, de sentir, de adaptar. Como nos portamos no seio dessa nova sociedade? Podemos adaptar-nos a seus imperativos?

Até o presente século, a mudança social era tão vagarosa que passaria despercebida ao longo do período da vida de uma pessoa. Já não ocorre isso. O índice de transformação aumentou de tal forma que nossa imaginação não pode acompanhá-lo. Tais mudanças na razão entre o novo e o velho têm um impacto elétrico nos hábitos, nas crenças e na auto-imagem de milhões de pessoas. Nunca na história anterior do homem foi esse índice transformado tão radicalmente num tempo tão curto.

As inovações e invenções tecnológicas alteraram o ambiente intelectual, cultural e profissional do homem, de forma total, isto é, a maneira como ele pensa e observa o mundo que o rodeia.

Tomemos como exemplo o computador. Ele provocou uma avalancha de idéias novas acerca do homem como uma parte integrante de sistemas mais amplos sobre sua filosofia, sobre a maneira pela qual aprende as coisas, sobre a forma por que se recorda dos fatos, sobre o jeito como toma suas decisões. Virtualmente, todas as disciplinas intelectuais, da ciência à psicologia da família, foram atingidas por uma onda de hipóteses imagéticas, liberadas pela invenção e pela difusão do computador, e o seu pleno impacto ainda não foi alcançado.

Temos, pois, diante de tal situação, de nos tornar mais adaptáveis e mais capazes do que em qualquer outra época. Devemos buscar novos caminhos como apoio, já que todas as nossas antigas raízes –, religião, nação, comunidade, família ou profissão – acham-se abaladas sob o impacto do impulso acelerador das transformações.

Uma vez diante dessa rede complexa de envolvimentos humanos, cada um a valoriza segundo sua formação e de acordo com os princípios pelos quais se orienta.

Qual o papel da Maçonaria neste cenário, ou melhor, dos Maçons, já que a Maçonaria iniciática, por tradição e por sua própria natureza, não atua diretamente na sociedade profana, mas o faz por intermédio de seus membros?

A Maçonaria não se expõe publicamente, a não ser em momentos de crise e insegurança no mundo profano. É ela mentora oculta da sociedade. Seus preceitos e ensinamentos são levados às comunidades por seus filiados, no meio social e profissional em que vivem. Daí a grande responsabilidade dos Maçons, como cidadãos, como profissionais, como pais de família, em que, pelo exemplo, devem atuar maçonicamente no mundo profano.

Por ser uma sociedade que permite a seus membros a livre investigação da verdade sob todas as formas, a adaptação do Maçom neste mundo em transformação acelerada torna-se mais fácil, habilitando-o a melhor compreender os movimentos sociais, as forças em ação, o que lhe exige perfeito conhecimento dos ideais maçônicos e disposição para lutar pelo bem comum. Um Maçom reconhece por seus atos.

A Maçonaria visa a melhorar a sociedade, aperfeiçoando o homem. Tenta, pois, introduzir seus princípios onde pode. A difusão de seus ideais deve ser preocupação constante de seus membros, onde quer que se encontrem.

A Maçonaria exige de seus membros competência, inteligência, eficiência. Se há Maçons com essas qualidades, e muitos a têm, devem eles, no exercício de suas profissões, de seus cargos, no lar e nas comunidades em que vivem, cumprir seu dever.

O espírito e tradição da Maçonaria se identificam com o culto da Liberdade, da Igualdade e da Fraternidade, oposto, por natureza, a qualquer tipo de opressão. A atuação, portanto, dos Maçons deve estar sintonizada com esses princípios, combatendo a superstição, a intolerância, o fanatismo, o obscurantismo, o reacionarismo, o dogmatismo, a violência, a corrupção, desenvolvendo o seu trabalho no âmbito superior dos grandes ideais humanos; na busca da verdade e do triunfo da justiça como base do progresso dos homens e das sociedades.

Mas, antes de fazê-lo, é dever do Maçom preparar-se para tão nobres embates, aperfeiçoando-se moral e socialmente, sempre consciente de que

> *A mudança e o movimento têm seu tempo próprio, e a segurança e o perigo estão na própria pessoa. A desgraça e a felicidade, a vitória e a derrota, começam todas na própria pessoa. Portanto, os que dominam a mudança são os que prestam atenção ao tempo. Para os que prestam atenção ao tempo, até o perigo é seguro. Para os que dominam a mudança, até o tumulto é pacífico.*

[illegible]

A Descristianização da Maçonaria ou a Passagem do Cristianismo para o Deísmo

Irm∴ Francisco de Assis Carvalho
Or∴ de Londrina – PR

A ORIGEM

Embora esse Tema não seja de fato muito recente (1º Quarto do século XVIII), pois ele teve início com a Primeira Edição do Livro da Constituição do Reverendo James Anderson, em 1723, quando ele afirma que:

> *Um Maçom fica obrigado, por ocasião de seu Ingresso, a obedecer a Lei Moral; e se ele entender corretamente a Arte, ele nunca será um* ***Ateu estúpido****, e nem tampouco um* ***Libertino Irreligioso****. Porque desde os "Tempos Imemoriais", os Maçons eram obrigados, em todos os países, a seguir a religião de seu País de origem, qualquer que ela fosse; mas, atualmente, o Maçom é obrigado a ter aquela Religião, com que todos ou a maioria concorda (guardando para si as suas opiniões próprias); e isto quer dizer que ele deve ser um homem bom e verdadeiro; ou um homem de Honestidade; mas qualquer que seja a denominação (da Religião) ou crença pela qual ele possa se distinguir, onde quer que esteja; que a Maçonaria possa ser o Centro de União, e o meio pelo qual se possa conseguir a* ***verdadeira amizade*** *entre todas as pessoas – isto é, que as opiniões individuais, religiosas e políticas, nunca devam ser ventiladas.*

Podemos ver nessa Obrigação da Primeira Constituição, que já se delineava a **Absoluta Liberdade de Consciência, de Pensamento e de Religião**. E isso é **Deísmo**, ou seja, os primeiros germes do

Deísmo, na Maçonaria. Dando uma pequena abertura para que os Maçons de todas as crenças (Judeus, Maometanos, Budistas, Brâmanes, etc.), tivessem a possibilidade de se Unirem pelos Laços da Verdadeira Amizade, que são os princípios da Maçonaria – excluindo, é claro, os **Ateus Estúpidos** e os **Libertinos Irreligiosos**.

Todavia, foi somente na última metade deste século XX, é que alguns Membros Efetivos, da mais antiga e mais completa Loja de Pesquisas Maçônicas – a "Quatuor Coronati", de Londres, começaram a pesquisar e estudar esse Tema. Não sem encontrar algumas resistências entre seus Pares, especialmente, aqueles mais Ortodoxos – com relação às suas Teses.

Isso se verifica quando o Irmão J. R. Clarke, em março de 1965, apresentou na Loja, um Trabalho intitulado **"The Change From Christianity to Deism in Freemasonry"** (A Mudança do Cristianismo para o Deísmo na Maçonaria).

Esse Trabalho, longo e muito bem elaborado, também muito documentado, foi a pedra de Toque, para a abertura dos debates e de novos estudos.

Tanto isso é verdade que, logo em 1967, o Irmão Tenente-Coronel, E. Ward, companheiro de Pesquisas de Clarke, apresentou o seguinte Trabalho, intitulado "Anderson's Freemasonry Not Deistic"; (A Maçonaria não Deística de Anderson), para contestar algumas opiniões de Clarke, mas o assunto não morreu ali. Em 1974, sete anos após, quando a poeira já tinha abaixado, o Irmão R. A. Wells, também da Quatuor Coronati, apresenta um Trabalho, aparentemente desvinculado do assunto, intitulado: "George Claret – Ritual Printer" (George Claret – Impressor de Ritual), onde no desenrolar do Trabalho, ele aborda o tema do Teísmo e Deísmo, na Maçonaria Inglesa.

Quando se pensava que o tema estava esquecido, eis que em 1984, após se passarem Dez Anos, o Irmão N. B. Cryer, volta à carga, com um Trabalho contundente – "The De-Christianizing of the Craft"; (A Descristianização da Ordem). Esse Trabalho reacende o debate e os estudos sobre o porquê, a causa dessa Descristianização. Três anos depois, 1987, o Irmão Michel L. Bradsky, também Membro da "Quatuor Coronati", escreve um bem alicerçado artigo, intitulado:

> *"Why was the Craft De-Christianized?" (Por que a Ordem foi Descristianizada?)*

E dentro dessa interrogação vem toda uma gama de esclarecimentos.

Apontando dois dos mais respeitáveis Irmãos – o Reverendo James Anderson e o Reverendo João Teófilo Desaguliers, como autores dessa tese, com a finalidade de Universalizar a Maçonaria, recém-organizada – os defensores dessa Tese vão buscar evidências e provas para robustecer seus argumentos.

E foi estudando os argumentos, evidências e provas, dessa tese, e mais umas dezenas de trabalhos e livros, é que nos aventuramos em alinhavar este despretensioso Trabalho.

O JUDAÍSMO E A MAÇONARIA

Todavia, para darmos prosseguimento ao mesmo, precisamos trazer alguns esclarecimentos necessários, para introduzir e situar o Irmão leitor dentro do Tempo e do Espaço – a fim de que fique mais fácil de se entender algumas passagens meio confusas no contexto dessa tese. E para tanto, teremos que retroceder até o ano de 1290, na Inglaterra, ou Três séculos antes, em 1290, após muitos atritos com os judeus, o Rei Eduardo I, através de um Édito, baniu os judeus, de todo o território inglês, ou seja, das Ilhas Britânicas. E com os judeus foram banidos, também, seus Livros Sagrados, seus Costumes – aquele conjunto de Leis, Costumes e Tradições – conhecido como o Velho Testamento e, especialmente a Torá.

Aquilo que os judeus não levaram com eles, os monges Beneditinos recolheram para a parte interior de seus conventos. Portanto, quando a Maçonaria Documental nasceu – e ela nasceu na Grã-Bretanha – predominava então somente os Evangelhos de Cristo – isto é, o Cristianismo. Daí, podermos afirmar que a Maçonaria nasceu Cristã, se estruturou, progrediu e atravessou os séculos XIV, XV, XVI, XVII, e XVIII, dentro e à sombra do Cristianismo, ou das Igrejas Cristãs. Até a metade do século XVI, sob a proteção da Igreja Católica e daí por diante, das Igrejas Católica e Anglicana, esta, fundada pelo Rei Inglês, Henrique VIII. E somente a partir de 1760 é que o Édito de Eduardo I foi revogado.

É bem verdade que não foi somente após essa data que os judeus retornaram à Grã-Bretanha. Alguns anos antes, isso já acontecia. Os judeus Sephard itas (judeus que viviam na Espanha), tinham entrado na Grã-Bretanha, mas disfarçados de Cristãos novos, pois desde o massacre iniciado em 1391, um grande número de judeus escapou da morte, abraçando uma nova Religião – isto é, aceitando o Batismo Cristão, embora continuassem praticando, em segredo, sua velha e querida Religião judaica. Mas para efeito de proteger a própria vida e a da família, passaram a freqüentar as Missas e os Cultos Cristãos.

Quando em 1492, com a queda de Granada, os judeus foram expulsos de toda a Península Ibérica, eles foram disseminados por toda a Europa – especialmente na Inglaterra, França, Países Baixos e América.

Quem melhor fala sobre esse Tema é o Irmão Leon Zeldis, Soberano Grande Comendador do Supremo Conselho do Rito Escocês, de Israel, num Trabalho publicado pela "A TROLHA", intitulado "APORTES SEFARDITAS".

> *Os judeus começaram a ingressar na Maçonaria Simbólica, pouco tempo depois da criação da Primeira Grande Loja de Londres, em 1717. As Reformas introduzidas pelos dirigentes* ***Deístas*** *da Maçonaria daqueles tempos, estão refletidas na Constituição de Anderson, onde a fé no Cristianismo deixa de ser uma das condições para ser admitido na Ordem (se bem me parece, a intenção não era, precisamente, estender a tolerância religiosa a outras religiões, senão, permitir, somente a Católicos e Protestantes, conviverem em Paz), abrir as portas da Maçonaria – pelo menos em teoria – a Judeus e Muçulmanos, entre outros.*

Estou reproduzindo um texto de um Maçom Judeu, de muito prestígio, para que alguém não venha dizer que sou anti-semita. Por Sinal, pertenço à Loja "Holyland nº 50", de Israel. Para aqueles que juram de pés juntos que a Maçonaria tem origem hebraica, vamos transcrever mais alguns trechos do Artigo do Irmão Zeldis:

> *Não deve surpreender-se que a primeira menção que existe de um judeu Maçom, data de 1716, e refere-se a um SEFARDITA inglês:*
> *Francis Francia", também conhecido como um judeu jacobita" (os Jacobitas eram seguidores de Jaime II, da Inglaterra, que se havia convertido ao Catolicismo), que fora exonerado de seu cargo sob a acusação de Traição.*

Francis Francia era um judeu sefardita, isto é, um judeu que adotara o Cristianismo, pelo menos de fachada, para evitar perseguições, como acontecia com tantos outros.

Ainda é Leon Zeldis quem afirma:

> *Em 1732, outro judeu,* ***Edward Rose****, foi Iniciado em uma*

> *Loja presidida por Daniel Delvalle, de origem claramente Judia.*

O que fica claro, todavia, é que antes de 1716, nenhum judeu pertenceu à Maçonaria. E que o primeiro judeu, sem sombra de dúvida, só foi Iniciado na Maçonaria, em 1732. Outros houveram nesse ínterim, mas que estavam disfarçados de Cristãos.

E por essa época a Colônia Judaica que vivia na Grã-Bretanha era tão pequena, que era facilmente reconhecida e conhecida. Para se ter uma idéia bem clara, vamos observar que:

> *A primeira menção da presença de alguns judeus nas províncias de Birmingham, data de 1718, embora nenhuma Comunidade Judaica fosse fundada até 1730. Em Cambridge, só foi registrada, a partir de 1732; outra comunidade foi criada em Exeter, em 1735; em Bath, em 1736; em Plimouth, em 1740 e em Swansea, em 1741.*

Todavia, a soma dos judeus em todas essas comunidades era muito pequena, com exceção de Birmingham, que possuía em 1847, 679 Membros, as demais comunidades não iam além de 200 Membros. Isso em 1847, mais de um século após a fundação da primeira comunidade, a de Birmingham (1718).

Quando algum Irmão quer dar à Maçonaria uma origem judaica – ou ele está enganado ou está querendo enganar você.

Partindo da premissa de que os judeus só começaram a entrar para a Maçonaria, após a criação do Grau 3, em 12 de maio de 1725, podemos voltar ao nosso tema específico – "A Descristianização da Maçonaria", a partir do Livro da Constituição do Reverendo James Anderson; muito especialmente a partir da I Obrigação, àquela que se referia a Deus e a Religião.

I – CONCERNENTE A DEUS E À RELIGIÃO

> *Um Maçom fica obrigado por ocasião de sua Iniciação, a obedecer as Leis Morais, e, se ele entender corretamente a Arte, ele nunca será um **Ateu Estúpido**, e nem tampouco um **Libertino Irreligioso**. Porque desde os tempos imemoriais os Maçons eram obrigados, em todos os países, a seguirem a religião da maioria, de seu país de origem, qualquer que ela fosse; mas, atualmente, o Maçom só é obrigado a ter aquela religião em que todos, ou que a*

maioria concorda, guardando para si, as suas opiniões próprias; isto quer dizer que o Maçom deve ser um homem bom e verdadeiro; ou um homem de honra e de honestidade. Mas, qualquer que seja a denominação das crenças, pelas quais ele possa se distinguir onde quer que seja, a Maçonaria dever ser o Centro de União, e os meios pelos quais se possa conseguir a verdadeira amizade entre as pessoas. Isso quer dizer que as opiniões individuais – Religiosas e Políticas, nunca devem ser ventiladas, emitidas.

Muitos e profundos estudos foram feitos sobre esse texto que transcrevemos acima, pela 2ª vez, do Livro da Constituição de Anderson. E é sobre esses estudos que iremos falar.

O Tenente Coronel E. Ward, dá sua interpretação sobre o que seja o Deísmo.

TEÍSMO E DEÍSMO

*Embora, etimologicamente, **Teísmo** e **Deísmo** tenham uma derivação paralela, **Deísmo** é o nome em contraste a **Teísmo**, dado ao Movimento Teológico e Religioso que se desenvolveu no final do século XVII e a primeira metade do século XVIII, tendo sido suas principais influências, o grande aumento de conhecimento científico do Universo.*

Para o Irmão J. R. Clarke a exemplo do Irmão E. Ward, também pertencente aos Quadros da "Quatuor Coronati":

*A Transição do Cristianismo, para o **Deísmo**, como exigência base da Ordem, foi um processo gradual.*

O curioso é que o renomado Benjamim Franklin, mesmo antes de ser Iniciado na Maçonaria, e sendo um fervoroso Membro da Igreja Presbiteriana dos Estados Unidos, "concebeu um grande e extenso projeto", para Fundação em Filadélfia, de uma **Sociedade Secreta Deística**". Isso, todavia, não aconteceu, pois em fevereiro de 1731 ele foi Iniciado na Loja "São João", de Filadélfia. Talvez o ambiente e o movimento **Deísta**, que ele encontrou na Ordem, tenha feito com que ele esquecesse seu projeto da "Fundação da Sociedade Secreta Deísta".

Ainda é o Irmão Clarke quem diz:

*Que possamos nos termos de uma definição de **Deísmo** no contexto deste Trabalho, isto é – "A Religião com a qual*

> *todos os homens concordam", com particular consideração para a palavra **"Todos"**.*

E foi no bojo dos debates entre o **Deísmo** e o **Teísmo**, que foi forjada a Maçonaria que praticamos. Até a União das duas Grandes Lojas Rivais, em 1813, a Maçonaria Inglesa praticava o mesmo Rito, mas com procedimentos distintos. Enquanto a Grande Loja de Londres se afastava cada vez mais do Cristianismo – paradoxalmente, a Grande Loja dos Antigos, que tinha como mentor intelectual, Lawrence Dermott, um estudioso do Judaísmo e defensor do mesmo, colocando até como título da Constituição, compilada por ele – uma expressão hebraica **"Ahiman Rezon"** – segundo alguns autores, significando "Conselho dado aos Irmãos", para outros – "Irmãos Selecionados", ou "Irmãos escolhidos", ou um "Auxílio para os Irmãos".

O que é significativo é que Lawrence Dermott, em seu Livro Ahiman Rezon, colocou como obrigação para as Cerimônias das Lojas de sua jurisdição Duas Orações – uma Cristã e outra Hebraica, que deveriam ser recitadas na Cerimônia de Iniciação de um novo Maçom. A oração Cristã está plena da Santíssima Trindade. Ela começava assim:

> *Dote-os (os novos Maçons), com a competência da sua Divina Sabedoria para que eles possam, com os Segredos da Maçonaria, ser capazes de entender os Mistérios da Santidade do Cristianismo.*
>
> *Já a Oração Hebraica era bem explícita e podia ser usada pelos Maçons Judeus:*
>
> *Oh! Senhor, excelente artista, Tu, na tua verdade, nada há tão grande para comparar-se a Ti...*

Poderíamos reproduzir mais algumas linhas dessas Orações, mas precisamos do espaço, para o desenvolver deste Trabalho. Embora alguns autores afirmem que foi Dermott quem introduziu o Salmo 133, na Maçonaria, especialmente na abertura da Loja de Aprendiz, eu não concordo, pois ele foi o mais ferrenho crítico da Grande Loja dos Modernos, pelo motivo da mesma ter abolido a oração cristã, do Início dos Trabalhos e por outras modernidades, inclusive pela mesma não exigir a leitura do Livro das Sagradas Escrituras – Evangelho de São João.

Tornam-se duvidosas essas afirmações, daqueles que imputaram a Dermott, o Salmo 133, pois os motivos apresentados para a fundação da Segunda Grande Loja, eram:

I – Preparar os candidatos incorretamente;

II – Abreviar as Cerimônias:
III – Omitir as Leituras;
IV – Omitir as Leituras das Mudanças, iniciadas pelos Antigos;
V – Omitir as súplicas;
VI – Alterar a ordem dos Sinais e Palavras de Reconhecimento dos Graus 2 e 3;
VII – Usar uma Palavra incorreta no Grau de Mestre;
VIII – Incluir a garra, as Palavras de Ingresso, na Cerimônia atual (1751), ao invés de usá-los preliminarmente;
IX – **Descristianizar o Ritual** (o destaque é meu);
X – Ignorar os Dias Santos, especialmente o Dia de São João, o Batista (24 de junho) e São João, o Evangelista (27 de dezembro);
XI – A classificação incorreta de suas Lojas;
XII – Não ter Diáconos como Oficiais de suas Lojas; e
XIII – Negligenciar a Cerimônia de Elevação a Mestre.

Então eles fundaram uma Grande Loja (a dos Antigos), para corrigir essa "falha", e praticar a forma verdadeira da Maçonaria. E é por tudo isso que não concordo que tenha sido Lawrence Dermott, o introdutor do Salmo 133, na Abertura do Grau de Aprendiz. Todavia, poderei mudar de idéia se me provarem o contrário; se me mostrarem um Ritual, da Grande Loja dos Antigos, onde essa passagem esteja registrada. De 1751 a 1813, ano da União das Duas Grandes Lojas Rivais, em nenhuma das pesquisas da "Quatuor Coronati", de 1965 até agora, o Salmo 33 é citado; só o Evangelho de São João é mencionado.

O CRISTIANISMO NA MAÇONARIA

A Maçonaria foi 100% Cristã até o final do século XVIII. Desde o seu surgimento documental – 2 de fevereiro de 1356 – até 1700, toda a Documentação que se possui, especialmente relacionada com os Catecismos – Predecessores dos Rituais – é puramente Cristã.

Não há nenhum documento que estabeleça quando a Bíblia "Novo Testamento" (o Velho tinha sido banido) foi introduzido na Maçonaria.

O "Poema Régio", segundo mais antigo Documento, fala sobre um juramento prestado sobre um Livro, pelo ingressante. Esse livro só poderia ser uma Bíblia, ou um Evangelho, só que não era. Era o Livro do Grêmio da Loja. Mais tarde "O volume da Lei Sagrada".

O juramento não era prestado somente pelos Pedreiros – Maçons Operativos. Todas as demais profissões e suas Guildas, a dos Alfaiates, dos Tecelões, dos Sapateiros, dos Carpinteiros, dos Açougueiros, dos Tingidores de Tecidos, dos Assentadores de Tijolos, etc. E os juramentos, como se verifica em todas as Tradições, eram prestados sobre um Livro Sagrado. E no Grêmio dos Maçons, as referências que existem falam sobre o Evangelho, segundo São João.

Exemplos não faltam nos antigos catecismos, dos antigos Manuscritos.

Nos Manuscritos da Grande Loja, datados de 1583 e o "Devonshire", de 1685, e o do Rei George, de 1726, abriram suas orações, com estas palavras:

> *O Poder do Pai do Céu abençoado, sabedoria do filho glorioso, com a bondade do Espírito Santo, três pessoas em um único Deus...*

Essa mentalidade Cristã documentada, atinge uma marca de quase 150 anos. O que não deixa de ser um ponto de apoio para afirmar-se que a Maçonaria era puramente Cristã.

Cito aqui, de Henry Carr, *"No Edinburgh Register House e Chetwode Crawley"* (Dois Manuscritos), onde ele afirma, em uma citação, estas Perguntas e Respostas:

> *Perg.: Onde estava a Primeira Loja?*
>
> *Resp.: Na Porta do Templo de Salomão. (Foi ali que Jesus chicoteou os vendilhões do Templo.)*

Ainda, no Manuscrito de Sloane, nós encontramos isto:

> *Perg.: Como era chamada, no início, sua Loja?*
>
> *Resp.: Uma Capela consagrada a São João.*

O Irmão Alex Horne cita o Manuscrito de Dunfries nº 4, que tinha em seu catecismo estas perguntas:

> *Perg.: Em qual Loja você ingressou?*
>
> *Resp.: Numa verdadeira Loja de São João, Justa e Perfeita.*

O Reverendo N. Barker Cryer nos diz o seguinte, em seu Trabalho já citado no começo deste Trabalho:

> *Eu já tinha chamado a atenção para o fato de que ele (São João) era um dos Evangelhos do Maçom Medieval, onde era, freqüentemente, tornado suas "Obrigações" ou juramentos.*

E o Irmão Alex Horne enfatiza isso como quando a Bíblia era usada:

> *O uso de abrir a Bíblia no Evangelho de São João, é um*

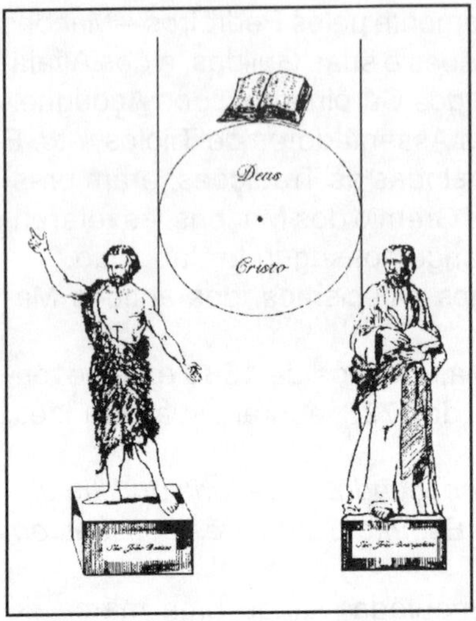

costume maçônico, que vem lá de trás, do início da Maçonaria Especulativa, no mínimo...

Numerosas citações em História de Lojas Antigas, nas quais se abria a Bíblia automaticamente, no Capítulo 1º, do Evangelho de São João...

Muitos outros exemplos podem ser dados, todavia, para a finalidade deste Trabalho. Creio que isso é o suficiente.

Mas vejamos mais estes fatos, para completar esta explanação.

O **número 3**. Na Maçonaria Primitiva ele não era Cabalista. A Cabala só veio para a Maçonaria depois de 1730. Ele representava simplesmente – Pai, Filho e Espírito Santo. Aí estavam as três faces do Triângulo.

2. O **número 5**. Simbolizava apenas as cinco faces da vida de Cristo – isto é:

Nascimento, Vida, Morte, Ressurreição e Ascensão.

Nada cabalístico, também, como desejam alguns Irmãos.

3. O **Número 13**. Simbolizava o Cristo e seus 12 Apóstolos;

4. A **Estrela de Cinco Pontas** – Simbolizava a Estrela Brilhante (Flamejante), que guiara os Três Reis Magos. Só depois é que os Pitagóricos a desbancaram e, mais tarde, a Blazing Star Judaica desbancou, ou tentou desbancar a Pitagórica.

5. O **Peito Esquerdo Desnudo** – Homenagem a São João Batista, que usava uma Pele de Animal, presa ao ombro Direito, com o ombro e peito esquerdo desnudo;

A B

6. **Joelhos Nus** – Ainda em homenagem a São João Batista, cuja roupa de pele não lhe cobria os joelhos.

7. A **Retirada de todos os Metais** – Era para evitar que alguns Judas com suas "moedas sujas" de sangue, ingressassem na Ordem.

8. O **Círculo, com Duas Paralelas**, um ponto no Centro e um Livro entre as Duas Paralelas, e sobre o Círculo.

– **João Batista** – O precursor da Luz, da verdade.

– **João Evangelista** – O continuador e propagador das Obras e Ensinamentos de Cristo.

Depois de 1750, alguém alterou o nome das Paralelas, dando-lhes os nomes de Moisés e Salomão

– **Moisés** – O mentor e Codificador da Religião Hebraica.

– **Salomão** – O unificador do Povo Judeu.

Como pudemos observar, o Cristianismo ainda não foi de todo banido de nossos Rituais. A Descristianização não atingiu todos os seus objetivos.

O JUDAÍSMO NA MAÇONARIA

Ao contrário do que se diz e muito se escreve, a Maçonaria, como vimos, não nasceu judaica. Não nasceu com o Templo de Salomão; não teve e não tem Origem Hebraica.

Até 12 de maio de 1725, quando foi criado o Grau de Mestre, e com ele a Criação da Lenda Hirâmica, não havia Judaísmo na Maçonaria, a não ser algumas poucas passagens Lendárias – como as Lendas, Noaquitas, Enokianas, Babilônicas, Lamckianas, etc.

A idéia-chave de James Anderson e João Teófilo Desagulier (dois Líderes Evangélicos de Londres), era trazer para os Quadros da Maçonaria – Hebreus, Maometanos, Budistas, etc. Mas o efeito não foi o desejado. Somente o Hebraísmo trouxe para a Maçonaria uma gama de Lendas, Palavras e Símbolos. O que não aconteceu nem com os Budistas e nem com os Maometanos.

O Primeiro Judeu Iniciado na Maçonaria foi **Edward Rose**, numa Loja de Londres em 1732. Daí por diante, é que todo esse Acervo de Símbolos, Lendas, Palavras, ingressaram na Maçonaria, especialmente nos altos Graus, advindos após 1750. E com eles, devido a proximidade, o Egipcianismo, Pirâmides, Colunas, Decorações de Templos, etc.

No livro nº 5, do Caderno de Pesquisas, à página 75, tem um Trabalho meu sobre o "Hebraísmo na Maçonaria".

Os Irmãos que, por acaso, lerem este Trabalho, para melhor informação deveriam ler este outro, já publicado, pois é um complemento a este Trabalho.

O Tema está aqui apenas esboçado. Tem tudo ainda para ser pesquisado. O campo para nós brasileiros está totalmente disponível, esperando os desbravadores.

Nota

As fontes de pesquisa para este Trabalho, foram citadas durante o desenvolver do Tema. Para os interessados temos uma bibliografia bem vasta para oferecer.

Iniciação Maçônica no Futuro Estados Alterados da Mente

Irm∴ Hércule Spoladore
Or∴ de Londrina – PR

Tomamos como referência para inciarmos este nosso trabalho, um fato inusitado ocorrido em Londrina durante uma Iniciação realizada em uma das Lojas desta cidade no ano de 1975.

Nesta ocasião estavam sendo Iniciados onze profanos. O Irmão encarregado de comprar o líquido amargo para ser ingerido pelos iniciandos em uma determinada fase do processo iniciatório foi a uma Farmácia e solicitou tintura de boldo. Entretanto como o recipiente estava ao lado de uma outra droga cujo nome também começava pela letra "b" foi-lhe vendido por equívoco tintura de beladona.

Da planta denominada por Lineu, Atropa belladona são extraídos dois alcalóides: a atropina e a escopolamina. As preparações galênicas da beladona já eram conhecidas pelos envenenadores profissionais da Idade Média. Ela produzia uma intoxicação prolongada e estranha. O nome Atropa vinha de Parcas que cortava o fio da vida e belladona porque significava uma mulher bonita. As mulheres da época usavam uma decocção da planta para instilar nos olhos para dilatar as pupilas, mas pagavam caro para parecerem mais bonitas porque a visão ficava perturbada até passar o efeito dilatador.

Este alcalóide tem ação praticamente em todo o organismo. A dose mortal felizmente é muito grande, estimada em 100 mg para os adultos e 10 mg para as crianças.

Os sintomas surgem logo após a administração da substância. A boca torna-se seca e ardente. A fala e a deglutição tornam-se difíceis ou impossíveis. A visão torna-se embaçada. Há uma fotofobia acentuada, pode aparecer erupção cutânea especialmente na face e pescoço. Eleva-se a temperatura corporal podendo atingir 42 graus. O pulso torna-se fraco, a pressão eleva-se e aparece a taquicardia.

O paciente torna-se agitado, excitado e confuso. Aparece também a incoordenação motora. Às vezes alguns pacientes vomitam. O comportamento sugere uma psicose orgânica aguda. A memória apresenta-se prejudicada. São comuns as alucinações especialmente as visuais. Este estado persiste muitas horas e às vezes até por vários dias. Só quando a intoxicação é muito grave é que surgem a depressão e o colapso respiratório. Nestes casos a pressão cai e a respiração torna-se inadequada e a morte por insuficiência respiratória ocorre após um período de paralisia e coma.

Ficou claro que um paciente intoxicado por beladona tem perturbação da fala, da visão, tem alucinações com conseqüentes alterações da própria consciência.

Entrevistamos um destes Irmãos que viveu esta estranha experiência, a qual por sinal só não foi catastrófica por uma questão de concentração do alcalóide.

O Irmão entrevistado regular até a presente data em sua Loja-Mãe refere que apesar de ter ficado com a mente alterada por três dias, lembra-se de quase tudo o que se passou neste período. Teve que ficar internado em um Hospital, sob cuidados médicos constantes e mesmo assim após retornar ao seu trabalho teve problemas de concentração, pernas fracas e esquecimento por quase dois meses.

Este Irmão além de gnóstico é da linha espiritualista e dentro de suas concepções metafísicas, refere que logo após ter ingerido a bebida amarga sentiu que sua mente se abriu de tal forma que, apesar da venda que lhe tapava a visão física, viu inúmeros espectros de "Irmãos desencarnados" (sic). Sentiu a seguir "uma moleza muito grande no corpo" (sic) além de um mal estar geral. Refere ainda que ficou meio assustado e "chamou seu Pentagrama Esotérico" (sic), mas este não funcionou. Sentia-se muito estranho sentindo-se mal e ao mesmo tempo revoltado porque achou que tinha sido enganado.

O tempo foi passando e os Irmãos que estavam dirigindo a Iniciação não perceberam até aquelas alturas que os iniciandos estavam no limite de uma intoxicação que poderia ter graves conseqüências. A Cerimônia continuou. O nosso Irmão ficou muito agitado quando viu o caixão. Não conseguiu ficar até o final. Tornou-se agressivo. Agrediu alguns Irmãos que o levaram para casa. Refere ter tomado atitudes pouco recomendáveis que não vale a pena descrevê-las. Acresça-se que a beladona causa em alguns pacientes um estado mental que chega à beira da hilaridade. Um dos Irmãos Iniciados, no banquete solicitou a palavra, porém não conseguia articular uma frase sequer, emitindo grunhidos que causaram risos. Um Irmão médico presente, suspeitou da bebida e pediu para ver o recipiente e lá estava escrito tintura de beladona".

Aí teve-se a explicação do que estava acontecendo e se tomou as medidas necessárias.

Todos os Irmãos ficaram intoxicados, uns mais e outros menos de acordo com a quantidade de bebida ingerida, todos foram atendidos por médicos e dois foram internados.

Fazemos questão de frisar que nenhum dos onze Irmãos deixou de freqüentar a Loja. Parece que todos entenderam que houve um incidente.

Gostaríamos de frisar que estes Irmãos tiveram uma Iniciação bem diferente da tradicional que estamos acostumados a assistir, apesar da Ritualística ter sido a mesma. Eles sofreram uma alteração da mente profunda, sendo que alguns ainda estiveram sob a ação da beladona por mais alguns dias. Neste caso, não resta a menor dúvida que esta alteração da consciência foi por alucinação medicamentosa.

Fala-se que nos antigos mistérios das antigas sociedades iniciáticas os futuros adeptos eram obrigados a ingerir bebidas antes de suas Iniciações, provavelmente alucinógenas. Entre estas sociedades, destacamos os mistérios de Elêusis onde se prestava culto a uma deusa da vegetação, Deméter.

O mundo a partir da década de 1950 passou a conhecer as atividades de minorias que começaram a utilizar alucinógenos de origem química ou vegetal com a finalidade de expandir suas mentes achando que estavam atravessando os limites transpondo as barreiras do "Eu" insulado ou ilhado, tentando conhecer outras verdades.

Em verdade nada mais era que uma nova forma de procurar o seu autoconhecimento.

O LSD 25, os cogumelos alucinógenos, a mescalina e a ayauhasca são de composição química diferente mas produzem basicamente o mesmo efeito. Estes produtos provocam uma alucinação cerebral chamada por alguns de "visionária" devido as visões características que ocasionam. As pessoas que usam estas substâncias apresentam uma expansão da mente e este caminho alucinógeno é percorrido de tal forma que os seus adeptos questionam tudo sobre a existência, criando para si outros valores morais e espirituais acreditando assim estar buscando outras respostas para seus desencontros existenciais.

A mesma experiência que estes alucinógenos causam poderá ser encontrada através de outros meios. A hipnose na fase sonambúlica é um deles. Os métodos orientais como a ioga a qual através de complexos exercícios de concentração pode se conseguir a expansão da mente. Seus monges se retiram da vida comum, desligando-se completamente dos afazeres mundanos e em mosteiros através da concentração e práticas espirituais acreditam chegar a este estado diferente da mente.

Também se consegue resultados semelhantes através da mortificação física ou então pelo jejum. A Igreja Católica tem inúmeros santos que através do jejum e da oração chegaram a este êxtase mental. Muito embora a explicação científica é que nestes estados a produção de endorfinas e o aumento de dióxido de carbono no cérebro, bem como a alteração do metabolismo possam levar os indivíduos a uma alteração mental, a experiência relatada por estas pessoas às vezes parece transcender às explicações dos homens da ciência. Aqui entram em confronto a Fé e a Ciência.

A chamada endorfina é uma substância semelhante à morfina, porém é de origem endógena, ou seja, produzida pelo próprio organismo em situações especiais, causando insensibilidade à dor, além de uma euforia interna muito grande podendo chegar a uma alucinose.

Como vimos, para se chegar a estas expansões da mente, não será necessariamente obrigatório o uso de alucinógenos. Através de uma disciplina muito rígida, exercícios mentais, introspecção, meditação, o indivíduo pode chegar ao seu autoconhecimento. Não há necessidade de ingerir substâncias que podem causar dependência, com conseqüências perigosas à saúde física e mental.

Segundo um usuário do LSD, as primeiras experiências com a droga são deslumbrantes. Após ingeri-la, quando começam a se fazer sentir seus efeitos, tem-se a sensação de alternância de frio e calor, as cores dos objetos tornam-se cada vez mais intensas e a audição torna-se muito aguçada. Parece que na tela da mente são projetadas como num cinema, todas as crenças, valores políticos, sociais e religiosos, lembranças boas ou más. Aí o indivíduo acha tudo estranho e absurdo e com o seu senso crítico funcionando em outra realidade acha que todos aqueles valores que passaram pela mente naqueles momentos são totalmente ridículos. Neste estado as visões e imagens são extremamente lindas. Sente-se a libertação de seu Superego e a entrada triunfal na Consciência Coletiva.

Todavia, com o continuado uso da droga estas experiências começam a não ser tão agradáveis assim. Os mergulhos no Inconsciente começam a ser obscuros e incompreensíveis. O indivíduo começa a ter problemas para retornar ao seu Consciente. Alguns ficam entre o ser individual e o coletivo. É provável que muitos casos de suicídio, sob o efeito do ácido ocorram neste estado. Nestas alturas será difícil o viciado parar com a droga. Ele terá a necessidade existencial de viver com ela.

Estas drogas alucinógenas são no momento perigosíssimas. Poderá a Ciência um dia produzi-las de tal forma que sua ação será bastante controlada e dirigida, sem causarem efeitos colaterais físicos e mentais e nem dependência. Fala-se que ainda descobrirão a pílula da inteligência. É ainda no momento presente, uma possibilidade fantástica, mas já fizeram experiências em laboratório a respeito. O problema maior é exatamente na toxicidade das drogas usadas. Um dia, não sabemos precisar quando, talvez muito mais próximo do que imaginamos, serão fabricados medicamentos maravilhosos que aumentarão a capacidade mental dos homens.

Sabemos que o nosso super Ego está eternamente tentando bloquear os desejos instintivos de nosso Inconsciente. A liberação destes bloqueios, passando-se por cima destas barreiras, fazem com que entremos num estado que se chama o despertar da mente, ou ainda chamado de alteração ou expansão da mesma. A exaltação interior às vezes é tão intensa que chega ao êxtase. O indivíduo nesta situação se sentirá em outro lugar e em uma outra realidade. Ocorrerá aí uma verdadeira abertura entre o Consciente e o Inconsciente, tornando-se o indivíduo Senhor de sua consciência. Esta exaltação interior se inicia por um relaxamento físico e mental que vai se aprofundando levando a pessoa a um estado alterado de consciência e, através de uma conexão com o seu Inconsciente, vivenciará desta forma outra realidade.

Como seria deveras gratificante se o Neófito no dia de sua Iniciação Maçônica estivesse preparado para percorrê-la neste estado mental. Será que a Maçonaria do futuro não será assim?

Muitos homens de ciência já estão começando a atentar para que o chamamos de alucinação, nem sempre será tida como tal. Especialmente nos indivíduos paranormais parece que algo acontece além do nosso conhecimento; enveredando para o outro lado da mente, ainda mal estudado, ainda obscuro, ou seja, aonde ainda a Ciência não chegou, mas ela está caminhando em sua direção.

Ainda meio atônito, o Homem atual se vê envolvido por uma série de avanços científicos que o deixam vislumbrado ante os sucessivos e fantásticos descobrimentos e por que não dizer já antegozando as maravilhas que ainda virão num porvir talvez bem próximo a nós onde a maior contribuição está a cargo da Genética Molecular, da Biologia e das Neurociências.

Tenta-se hoje em dia responder como funciona o cérebro humano. Talvez um dos problemas até maior que a própria criação do Universo seja a resposta da natureza da mente humana. Ressalte-se que nesta empreitada as Neurociências estão tendo a ajuda inestimável da Matemática e da Computação.

Estas descobertas farão com que a consciência, a cognição e as operações mentais se tornem mais conhecidas. Haverá sem dúvida nos próximos cinqüenta anos uma radical mudança do comportamento humano.

O que se conhece hoje sobre o cérebro humano é bastante em relação ao que se sabia há setenta anos, todavia é praticamente nada em relação aos segredos e mistérios que ele encerra.

Em 1952 o Dr. Wilder Penfield descobriu que a córtex cerebral podia ser estimulada por uma descarga elétrica e produzir o despertar de memórias, lembranças bem como outras experiências mentais em pacientes conscientes. Esta ação mental repetia-se sempre da mesma maneira quando era estimulado com cargas elétricas o mesmo local.

Em 1924 quando o cientista alemão Hans Berger pesquisava um paranormal descobriu que o cérebro emitia ondas elétricas as quais ele denominou de ondas Alpha e ainda percebeu que o cérebro neste comprimento de onda vibrava de oito a doze vezes por segundo. Cada vibração foi denominada hertz. Em 1935 foram descobertas as ondas Delta (um a três hertz) e em 1943 foram descobertas as ondas Teta (quatro a sete hertz). Com relação às ondas Beta (vinte a vinte e dois hertz) estas são as ondas normais do cérebro. Elas representam o cérebro em estado de vigília, em estado de consciência alerta, com o indivíduo vivendo o seu dia-a-dia, rindo, raciocinando preocupando-se, frustrando-se.

Quando o cérebro emite ondas Alpha, o indivíduo está bastante relaxado, tranqüilo, porém dotado de uma energia e bem mais alerta que em estado Beta. Predomina o pensamento lógico e intelectual. O estado mental é elevado.

As ondas Delta manifestam-se mais comumente em nosso sono normal.

As ondas Teta podem ser encontradas em sono profundo ou quando o indivíduo está em meditação, quando o seu inconsciente se torna bastante sensível. Este tipo de onda aparece também no coma. Quando o cérebro está nesta situação a imaginação é estimulada ao máximo de tal maneira que vislumbram ricas imagens oriundas do nosso Inconsciente.

Quando estas emitidas pelo cérebro e registradas pelo eletroencefalograma forem assimétricas com relação ao cérebro como um todo, qualquer uma delas poderá registrar um estado patológico.

Um renomado neurocirurgião americano Roger W. Sperry quando tratava de pacientes epilépticos procedeu a separação cirúrgica dos hemisférios cerebrais. Acompanhando estes casos após a cirurgia ele percebeu que o hemisfério esquerdo é analítico sequencial e racional, enquanto que o direito é sintético totalizador e intuitivo. O hemisfério esquerdo é mais agressivo e comanda o sistema motor. É considerado como o grande comunicador cerebral pois nele está o centro da fala. Já o hemisfério direito é incapaz de comunicar experiências de percepção ou consciência. O hemisfério esquerdo controla o lado direito do corpo. Além do centro da fala ele tem o centro da lógica, da matemática, da leitura, da escrita e do raciocínio. Já o hemisfério direito controla o lado esquerdo do corpo, ele tem a percepção da profundidade, criatividade, consciência musical e intuição.

Ao preconizarmos um estado mental especial para o profano no dia de sua Iniciação na Ordem, sabemos que a Iniciação é apenas uma entrada em uma nova moradia e ela não será de forma alguma a revelação súbita de todo o conhecimento maçônico. Será apenas o início. Mas a tentativa de se tornar este início útil e decisivo ao candidato será justamente de fazer com que ele pelo menos vislumbre a sua consciência dupla, ou seja, o seu outro “Eu”. Não resta a menor dúvida que o profano não terá condições de sozinho chegar a este estado. Ele terá que ser preparado para tal. Esta, a nosso ver, é uma grande falha da Maçonaria atual. O candidato caminhará praticamente sozinho em sua Iniciação sem ter a mínima noção do que se passará com ele. Ele assistirá vendado a uma cerimônia teatral, a maioria das vezes muito mal interpretada, pois além dos trotes, insegurança dos Iniciadores muitos não sabem nem ler o Ritual. Da forma como realizamos a Iniciação atualmente, o impacto mental que deveria ser oferecido ao Recipiendário já começa mal. Restará apenas ele entender que foi apenas o início e como sabemos a Iniciação completa se dará pelo conhecimento e pelo estudo e isto levará muitos anos. Este é um longo trajeto, que teremos que percorrê-lo em toda a nossa existência de acordo com a nossas concepções metafísicas e os ensinamentos oriundos da doutrina maçônica aproveitados racionalmente.

Mas de qualquer forma, o dia da Iniciação é de fundamental importância, muito maior que os "iniciadores de Platão" imaginam.

Aldous Huxley afirma: "A consciência normal é um estado de espírito muito útil, e, na maioria das ocasiões indispensável, mas não é, de modo algum, a única forma de consciência, nem a melhor em todas as circunstâncias. Quando se transcende o "Eu" comum é possível aumentar a visão e olhar mais profundamente no inimaginável milagre da existência.

Tentando analisar como serão as Iniciações daqui a um século e antevendo os avanços da Ciência, perguntamos se haverá as mesmas Cerimônias tradicionais que praticamos hoje. Aliás o que é tradicional? Em 1717 não havia Livro da Lei aberto nas Lojas, não havia o Grau de Mestre, não havia luz elétrica, não haviam Templos, não haviam as Colunas Jônica, Dórica e Coríntia (???) e não haviam outros tantos enxertos e invenções que introduziram na Ordem.

Será que a Informática não mudará tudo? Será que daqui até um espaço de tempo talvez até menor do que imaginamos haverá Templos maçônicos? Dados os últimos avanços tecnológicos podemos imaginar até que haverá centrais cibernéticas maçônicas de Iniciação onde num recinto cibernético substituindo as nossas mofadas Câmaras das Reflexões, cheias de ácaros, os candidatos poderão realizar as quatro viagens, integrando-se à essência de cada uma delas através da realidade virtual? Os americanos já desenvolveram um projeto que denominaram "Cave" que se trata de um recinto cibernético onde o observador poderá mover-se livremente sem necessidade de luvas ou capacete, podendo ter uma impressionante experiência visual tridimensional de 360 graus graças a um par de óculos polarizados e quatro projetores colocados na paredes e nos pisos.

Ainda, perdoem-nos, não é proibido sonhar, somos sonhadores futuristas, quem sabe se num tempo não muito distante, acontecerão fatos semelhantes aos que neste momento estamos nos aventurando a vislumbrar admitindo a possibilidade de o profano no dia de sua Iniciação tomar um medicamento, uma psicodroga que provavelmente ainda descobrirão, sem contra-indicações, sem efeitos secundários sobre a saúde, especialmente para expandir a mente com ação farmacológica somente sobre os centros cerebrais que são envolvidos durante a Iniciação. Num outro meio que também acreditamos muito pelas suas imensas possibilidades é a Hipnose. Já existem máquinas para hipnotizar, mas ainda são um pouco rudimentares. Construirão aparelhos especiais que poderão fazer com que os pacientes entrem na fase sonambúlica tranqüilamente sem quaisquer problemas de refratariedade à técnica hipnótica. Somente quem conhece o Hipnotismo a fundo sabe o que estamos querendo dizer.

Sabemos que o nosso cérebro utiliza apenas dez por cento de seu potencial. Evidentemente esta porcentagem será aumentada daqui a cinqüenta ou cem anos. Quando isto acontecer, e não temos a menor dúvida que acontecerá, o comportamento humano também terá mudado e é claro que a Maçonaria também mudará. Temos que admitir este axioma. Talvez conserve a essência mantendo-se assim a Tradição. Não temos a mínima idéia de como será, mas mesmo que joguemos nosso raciocínio para o lado fantástico da realidade, ainda assim estamos sendo tímidos.

Devemos nos preparar para este porvir, pois ele já está acontecendo.

Bibliografia

Castilla, Alicia "Santo Daime – Fanatismo e Lavagem Cerebral" – Imago Editora Ltda. – Rio de Janeiro – 1995.

Goodman-Gilmann – "As bases terapêuticas da Farmacologia" – Livraria Editora Guanabara Koogan – Rio de Janeiro – 1958.

Patten, John – "Diagnóstico Diferencial em Neurologia" – Editora Santuário – São Paulo – 1985.

Pauwels, Louis: Bergier, Jacques – "O Planeta das Possibilidades Impossíveis" – Perspectivas para o Terceiro Milênio – Edições Melhoramentos – São Paulo – 1972.

Revistas Médicas Científicas.

Revista "Planeta", números 36 e 37.

Spoladore, Hércule – "Os doze trabalhos maçônicos do Hércule" – Editora "A TROLHA" - Londrina – 1991.

Entrevista com Irmão que passou pela experiência citada neste artigo.

O Ser

Irm.·. Raimundo Rodrigues
Or.·. de São Paulo – SP

A questão da DUALIDADE DO SER E DO NÃO SER, importantíssima no segundo Grau, a nosso ver, não tem sido estudada em profundidade pelos escritores que se têm dedicado ao estudo daquele Grau. Daí por que resolvemos fazer um passeio pelos campos da ontologia, bebendo os ensinamentos de alguns filósofos que estudaram o assunto a fundo, procurando mostrar o que de fato existe, filosoficamente, sobre o **ser**. Referimo-nos à ontologia porque ela é a parte da metafísica que reflexiona sobre os seres em geral.

Usada no plural, a palavra **seres** indica tudo o que existe. No singular, **ser** é o ente, a coisa, o organismo, o vivente, a pessoa física ou moral.

A maioria dos escritores usa a palavra nos mais variados sentidos: Arcângelo Buzzi[(1)] afirma: "Por todos os lados nos cerca o **ser**. Ele está aí na cotidianidade, consubstanciado no mundo que vivemos, mais próximo a nós que o ar ao pulmão, que o sangue no coração".

A questão do **ser**, pode-se dizer, é a menina dos olhos da filosofia. Já os primeiros filósofos, os pré-socráticos todos se debruçaram sobre o problema, procurando decifrar-lhe os mistérios. E, em se tratando dos estudos que a Maçonaria exige de todos nós, não há como fingir do tema.

A filosofia, é fácil constatar-se, se constitui de três momentos do **ser**, do **conhecimento, da linguagem**. Sem o ser não existiria o conhecimento, a linguagem não existiria. E o problema do ser, antes de tudo, se consubstancia no problema do pensar. Para que se busque o ser é necessário pensar. E pensar significa, sem dúvida alguma, conhecer.

---

(1) Buzzi, Arcângelo – Introdução ao Pensar, 15ª ed., Petrópolis, 1986.

O problema do ser assume toda a sua importância filosófica com Parmênides de Eléia. Ele descobre que pela filosofia de Heráclito se poderia concluir que o **ser e o não ser** seriam a mesma coisa. Raciocina e conclui que isso não pode ser. Partindo de uma indagação: como é possível que o que é **não seja**, e o que não **é seja**? E com esse raciocínio chegou à conclusão de que o SER é, o NÃO-SER não é.

O estudo de Parmênides sobre o SER influenciou todos os grandes filósofos gregos e essa influência repercutiu sobre os grandes pensadores da Idade-Média.

Parmênides com sua teoria descobre o princípio lógico do pensamento, formulando-o em termos definitivos.

O filósofo William de Ockham[(2)] diz que "Acerca do ser, convém primeiramente saber que se pode tomar o vocábulo ser de dois modos. Um primeiro sentido, entende-se por essa palavra ser algo ao qual corresponde um conceito comum a tudo e predicável de tudo quanto à essência, da mesma maneira como um predicado pode ser predicado essencialmente. Não obstante haver assim um conceito comum de todos o ser, a palavra ser é equívoca porque não se predica segundo um só conceito de todos os sujeitos, quando tomados significativamente, mas diversos conceitos correspondem a essa denominação.

Que, porém, alguma coisa não é ser essencialmente e outra acidentalmente, patenteia-se logo, pois não há coisa alguma que não seja substância ou acidente, e tanto substância como acidente são ser. Igualmente o ser se distingue em ser potencial e ser atual.

Isso não significa que algo não existente na natureza das coisas, mas que pode existir, seja verdadeiramente ser ou que alguma coisa além do que há na natureza seja também ser".

Platão faz da teoria do ser o eixo da demonstração, por exemplo, na República, de toda a filosofia ali exposta.

Queremos lembrar Platão[(3)] porque a sua Teoria das Idéias é o fundamento da metafísica e, conforme dissemos no início, a ontologia é um dos ramos dessa corrente do pensamento filosófico. Platão estuda o problema do ser em todos os seus aspectos, chegando, muitas vezes, a confundir o espírito do pesquisador: "O visível, diz

---

(2) Ockham, William de – Introdução à Metafísica (in Introdução ao Pensar, Arcângelo Buzzi, p. 25).

(3) Platão – Timeu, 52, ab.

ele, é pois um misto: resulta da **participação** ou do **cruzamento** entre duas ordens: a ordem dos seres que se conservam idênticos, que não estão sujeitos nem a nascer nem a perecer, dos quais nenhum acolhe em si um outro distinto dele, nem se transforma ele próprio noutro, que são invisíveis e, em qualquer outro sentido inacessíveis; são precisamente estes seres que a intelecção tem por finalidade examinar e a do lugar indefinidamente".

É esse o tipo de raciocínio que Platão nos apresenta no TIMEU, quando estuda o ser. Pode ser que tal raciocínio chegue a ser admirável como afirmam alguns comentadores do insigne filósofo; o que é certo é que difícil, quase impossível, a nosso ver, interpretá-lo fielmente.

Um dos fundamentos da doutrina de ação incorporada a um dos Graus Simbólicos da Maçonaria é o célebre aforismo de Leibniz – **O que não age, não existe!** Por isso mesmo a dualidade do SER e NÃO-SER exige do Maçom que use constantemente a meditação, o pensar.

Daí a razão por que se quisermos falar do ser, se desejarmos discutir o ser, se desejarmos penetrar na essência da dualidade do SER e NÃO-SER, precisamos pensar. Pensar é uma arte e a arte de pensar não é fácil.

O pensar tem sempre o ser como alvo principal. Quando se pensa, o ato de pensar estará sempre ligado ao ser e acreditamos que se não existisse essa ligação, não existiria o pensar, haveria apenas um simples refletir.

Para que se possa entender bem até onde vai o pensamento filosófico estabelecido por Parmênides de Eléia, vejamos o que diz Garcia Morente[(4)]: "Se fizermos o balanço dos resultados obtidos por Parmênides, encontrar-nos-emos verdadeiramente maravilhados diante da colheita filosófica deste homem gigantesco. Ele descobre o princípio da identidade, mas, além disso, afirma imediatamente a tese de que, para descobrir que é o que é na realidade, não temos outro guia que o nosso pensamento lógico, racional. Que dizer, assenta a tese fundamental de que as coisas fora de mim, o ser fora de mim é exatamente idêntico ao meu pensamento do ser. Aquilo que eu não pude pensar por ser absurdo pensá-lo, não poderá ser na realidade e, por conseguinte, não necessitarei para conhecer a autêntica realidade

---

(4) Morente, Garcia – Fundamentos de Filosofia, São Paulo, 1976, p. 75.

do ser, sair de mim mesmo, mas somente tirando a lei fundamental do meu pensamento lógico, fechando os olhos a tudo, somente pensando um pouco coerentemente, descobrirei as propriedades essenciais do ser".

O estudo, a pesquisa, a luta, tudo gira em torno do homem, em torno do ser (ente). Filosoficamente sabemos que a existência humana pressupõe a questão do ser. E não nos devemos confinar em Parmênides sobre se o SER é, se o NÃO-SER não é. Muitos séculos depois, Tomás de Aquino[5] preceitua que ao ser não se pode acrescentar nada que lhe seja estranho, com exceção do NÃO-SER, que não pode ser nem forma nem matéria.

É bem de ver-se que alguns filósofos modernos afirmam que não seria necessário grande argumentação para provar que "sob um certo ângulo o NÃO-SER existe e que, por vez, o SER, de alguma maneira, não existe".

Por aí se vê que o Maçom há de se dedicar a fundo ao estudo da questão do ser que, sem dúvida alguma, é a que mais polêmicas tem levantado nos campos da filosofia.

É bom que se ressalte que alguns entre os grandes filósofos usaram a palavra para identificar Deus, como, v.g., Lao Tse[6]:

Tudo o que existe egressa do ser.
E regressa ao Ser.
O Ser é o insondável Tao.
Das profundezas do Ser
Nascem todos os seres que existem.
O Ser, porém,
É o abismo do não existir.

Para terminar, vejamos o que nos diz Mestre Theobaldo Varoli Filho[7]: "A compreensão do mistério da união do SER ou EU-SUPREMO (Ani) com o NÃO-SER (Ain) num limite indizível, está em terceiro ponto ou em três.

(5) Aquino, Tomás de – De Potentia, 7,2 ad 9.
(6) Tse, Lao – Tao Te King, São Paulo, p. 15, 1979.
(7) Varoli Filho, Theobaldo – Curso de Maçonaria Simbólica, II tomo, p. 48.

Bibliografia

Aquino, T. – O Ente e a Essência (in Os Pensadores), São Paulo, 1985.

Fulcanelli – As Mansões Filosofais, trad. do original francês, Lisboa, 1990.

Gran Logia de Chile – Curso de Docencia para Instructores Masones, Santiago do Chile, 1995.

Lafuente, F. E. – Esquema Filosófico de la Masoneria, Madrid, 1981.

Morente, M. G. – Fundamentos de Filosofia, trad. do original espanhol, São Paulo, 1976.

Tse, L. – Tao Te King, tradução de Huberto Rohen, São Paulo, 1979.

Varoli Filho, T. – Curso de Maçonaria Simbólica – II tomo, São Paulo, 1976.

O Tronco da Beneficência Sinfonia da Esperança

Irm∴ Armando Righetto
Or∴ de Passos – MG

INTRODUÇÃO

Encontrei-te um dia, amigo, e pediste para que eu cantasse.

A minha voz se perdia na sinfonia da Terra em festa e eu não podia cantar.

Chamaste-me **"amigo"**, e a voz da tua melodia deu melodia à minha voz, para que eu te chamasse **"Irmão"**.

Deixa-me segurar-te a mão, para cantar contigo na tristeza do nosso caminho, a **Sinfonia da Esperança**, como abelhas do trabalho, embriagadas, na primavera, no festival das alegrias.

∴

Quase todos nós aceitamos que a felicidade eterna se encerra no **Amai-vos uns aos Outros**.

De fato, ninguém pode se elevar senão pelo devotamento ao próximo. Encontra-se felicidade e consolação na prática da Beneficência. Aquele que a cultiva, mais e mais, já curou a horrível chaga do egoísmo.

Meus IIrm∴, através desta longa introdução queremos lembrar-lhes de que a Beneficência tem um lugar especial na nossa Ordem. Nos Trabalhos dentro do Templo corre-se o Tronco de Beneficência com Ritualística própria e indispensável (Infelizmente, para se "ganhar" tempo muito VVen∴ MM∴ dispensam as formalidades).

O TRONCO DE BENEFICÊNCIA

O Tronco de Beneficência é uma das etapas litúrgicas dos Trabalhos Maçônicos. O seu giro é especial. Tem início no Irm∴ mais

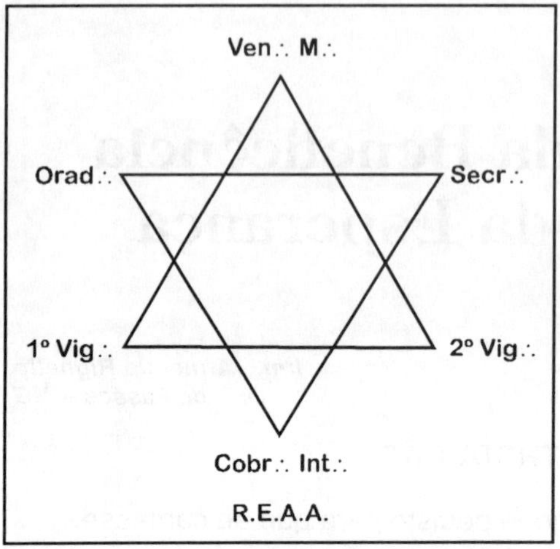

imantado (pelo Ven∴ M∴ ou pelo Gr∴ M∴, quando estiver presente), dirige-se ao Irm∴ 1º Vig∴ e vai encerrar o triângulo das luzes no Irm∴ 2º Vig∴. Em seguida, o Irm∴ M∴ Hosp∴, dá início à formação do segundo triângulo pelo Irm∴ Orad∴ (R∴ E∴ A∴ A∴), deslocando-se até o Irm∴ Secr∴ encerrando-o no Cobridor Interno.

Na continuação, leva o saco coletor do obolos aos MM∴ MM∴ e dá sua contribuição. Encerrada a coleta entre os Mestres, a fará entre os Companheiros, finalizando nos Aprendizes.

Admite-se, mesmo porque o triângulo é o polígono de três lados e não de três vértices, que na formação do segundo triângulo, atenda-se aos demais Mestres no Oriente.

Interpretemos este giro. O primeiro Irm∴ solicitado a contribuir é o mais imantado, deixando no saco coletor metais e Energia Cósmica. O segundo Irm∴, o 1º Vig∴, retira parte da Energia que ali se encontra, deixando pouco da sua Energia e os seus metais e assim por diante, na ordem considerada.

O ditado popular "O que tem põe e o que não tem tira" leva alguns IIrm∴, menos avisados, achar que podem tirar metais. Não! Retira somente energia para recarregar seus Chacras. Problema de Irm∴ é problema da Loja.

Sintam, meus IIrm∴, a importância e a necessidade de uma freqüência assídua aos Trabalhos de Loja. De sete em sete dias devemos recarregar nossos chacras e nossas reuniões acontecem neste intervalo de tempo. Somente os IIrm∴ presentes podem contribuir no Tronco. É **falso** algum Irm∴ pedir permissão para contribuir pelo Irm∴ Tal.

A preparação do Maçom para os Trabalhos Maçônicos deve ser uma preocupação constante de cada um. A ingestão de álcool e de alimentos de carne, antes dos Trabalhos não poder ser permitida. A de álcool é **proibida**. Tal uso modifica a Energia Animal que vai ser emitida por cada um dos partícipes.

Ao chegarem à Loja, os OObr∴ permanecerão na **Sala dos Passos Perdidos**, onde passarão pela **Agonia** (desligamento do mundo profano), mantendo pensamentos elevados e controlando a intensidade do tom de voz. Aí todos se preparam para os Trabalhos, revestindo-se de Jóias e Aventais.

No **Atrium**, os OObr∴ serão dispostos em duas filas místicas, de Salomão e de Moisés, conforme a Coluna em que tiveram assento. É neste momento, o de **reflexão**, que tem início a **Descompressão** para a entrada no Templo (Nau) que os levará até o Infinito.

No **Templo** (Nau), cada Obr∴ será um emissor de Energia, em vibrações de mesma freqüência em ondas na mesma fase, cujos efeitos se somam, formando a **Egrégora**. Esta permanecerá no Templo até o Fechamento do Livro da Lei. A Egrégora, sem dúvida, beneficiará a tantos. Ela realiza a individualização dos OObr∴, criando a harmonização dos seus mundos e ideais.

Qual a posição ideal do Obr∴ para depositar seu obolo? Deverá levantar-se, ficar ereto, com os pés em esquadria, levando a mão direita fechada dentro do Saco Coletor, lá deixando energia e metais. Ao retirá-la, ainda de pé, a abrirá.

Alguns IIrm∴ condenam esta postura (embora não seja "enxertia"), firmados na obrigatoriedade da realização do Sinal de Ordem, quando se está de pé no Templo; porém, sem o fazer, quando de pé, se a mão direita estiver ocupada. E ao contribuir, o Obr∴ tem, na mão direita fechada, os metais que pretende depositar.

Na posição vertical, o Irm∴ mostrará que cultua a maior virtude maçônica: A **Humildade**, agradecendo, assim (de pé), ao G∴ A∴ D∴ U∴ por ser um **contribuinte** e não um usuário. E no gesto de carinho, de caridade branda e pura, fará a **migalha de ventura** aos tristes do caminho.

Meus IIrm∴, curemos em nós a chaga do egoísmo. Enchamos nossos corações das mais doces alegrias, das alegrias que não serão perturbadas nem pelo **remorso**, nem pela **indiferença**.

Façamos do Tronco de Beneficência a abençoada oportunidade de alegrar os tristes, de soerguer os fracos e de felicitar aos infelizes.

Assim um dia poderemos dizer: Onde brilha a Esperança chego eu. Vinde, Sol-Esperança, apontar-nos o Caminho.

Então, gritaremos: **era noite em nós...**

[illegible]

Maçonaria Tolerante

Irm∴ João Alves da Silva
Or∴ de Maçeió – AL

A Maçonaria pode ser comparada à História da Humanidade, que está dividida em quatro idades: ANTIGA, MEDIEVAL, MODERNA e CONTEMPORÂNEA.

IDADE ANTIGA – período que se estende dos primórdios até o ano de 472, quando ocorreu a queda do Império Romano.

IDADE MÉDIA ou MEDIEVAL – período que começa com a queda do Império Romano e vai até a tomada de Constantinopla pelos turcos, no ano 1453.

IDADE MODERNA – período que compreende a tomada de Constantinopla até a Revolução Francesa de 1789.

IDADE CONTEMPORÂNEA – período que se inicia com a Revolução Francesa e chega aos nossos dias.

Os períodos da nossa ordem, entretanto, são apenas três: PRIMITIVO, OPERATIVO e ESPECULATIVO.

MAÇONARIA PRIMITIVA – Não vamos mergulhar tão profundo para não nos perder nas águas do figurativo e dizer que Adão foi o primeiro Maçom, cujo Avental era a Folha de parreira ou de figueira. Vamos, sim, ao primitivismo maçônico comprovado com:

1 – Mistérios persas (ou magos) e hindus (ou brâmanes):

2 – Mistérios Egípcios ou de Ísis e Osíris, 30 séculos a. C.;

3 – Mistérios gregos de Ceres ou Demeter, em Elêusis, 14 séculos a. C.;

4 – Mistérios gregos dos cambires da Ilha da Samotrácia, 20 séculos a. C.;

5 – Mistérios judaicos de Salomão, 11 séculos a. C.;

6 – Mistérios gregos do Orfeu, 7 séculos a. C;

7 – Mistérios gregos de Pitágoras com Crotona, 6 séculos a. C.;

8 – Mistérios dos Essênios, em Engadi, junto ao mar Morto Jesus Cristo;

9 – Mistérios romanos (desde o 8º século a. C. até o 5º século d. C.

MAÇONARIA OPERATIVA – Iniciou-se nos **collegia artificum** e nos **collegia fabrorum**, criação de Numa Pompilio, na Idade Média, sob a influência espiritual da Igreja. **Documentos Fundamentais** provam a organização, bem como a ação da Maçonaria Operativa, como se vê através da Constituição de York, 926 anos depois de Cristo; o Poema Regius, o Manuscrito de Cook, os Estatutos e Regulamentos da Confraria dos Trabalhadores de pedra de Strasburgo, a Carta de Colônia, o Regulamento de 1663 ou Lei de Santo Albano, o Manuscrito Harlei e o Manuscrito Antigo, de 1686 d. C.. As grandes construções: igrejas, catedrais, abadias, mosteiros, conventos, palácios, basílicas, torres, paços municipais, academias, etc., com toda a Europa cheia de monumentos e construções da Maçonaria Operativa, como a Notre Dame de Paris, Catedrais de Reims, de Strasburgo, São Pedro em Roma.

MAÇONARIA ESPECULATIVA – Foi a 7 de fevereiro de 1717 que se realizou a primeira reunião preparatória para instituir "um centro comum" com vistas a **unificar**, fortificar e renovar a obra maçônica, sob a autoridade de um Grão-Mestre. O reverendo francês João Teófilo Desaguliers que havia emigrado para Londres, onde se encontrava, foi o promotor da reunião que despertou unânime entusiasmo. As quatro Lojas então existentes em Londres, Loja da "Cervejaria do Ganso e da Grelha", Loja "Taberna da Macieira", Loja da "Cervejaria da Coroa" e a Loja "Taberna do Copázio e do Bago de Uva", concorreram para a formação da primeira Grande Loja, que no dia 24 de junho de 1717, dia de São João, solstício de inverno, foi instalada em Londres, ocasião em que foi lida uma página de Clavel.

Com a transformação da Maçonaria Operativa em Especulativa, as corporações tiveram que modificar seus Estatutos para que pudessem conviver, lado a lado, Maçons de várias classes sociais. Tornou-se indispensável, para que se pudessem ter ingresso na Ordem e se tornarem Aceito, a exigência de condições MORAL, INTELECTUAL e FINANCEIRA. Realizando-se algumas dessas exigências para a admissão do candidato na Ordem, enfraquece-se as bases de sustentação, ora a primeira, ora a segunda, ora a terceira; o edifício inclina-se para o abismo ou para o terreno das sociedades de serviços ou recreativa. Até o lado místico é relegado para se dar lugar a **festas brancas** e se posar, paramentados, para objetivas de revistas profanas. Assim, a Ordem vai-se enfraquecendo.

Nas Assembléias-Gerais da CMSB, longe de se traçar planos para combater a tirania, os preconceitos e os erros dos nossos governantes políticos e lutar pela UNIFICAÇÃO da Maçonaria brasileira, criaram-se regras preconceituosas para tachar de irregular Potências cujos Obreiros ignoram certas filigranas, mas têm amor à Ordem e aos Irmãos que as Potências Regulares dizem ser os legítimos Filhos da Viúva. Entrementes, nessas assembléias, costuma-se tratar de assuntos domésticos das Lojas, cujas assembléias locais são soberanas para decidir.

Pietro Ubaldi, pensador contemporâneo, alegou que "sem renovação não há vida" e que "a verdade não é uma posição psicológica definitiva e estática, mas um conhecimento relativo em evolução. O absoluto só pertence a Deus, não ao homem". Todavia, a Maçonaria deve manter-se fiel à sua tradição que é milenar. Renovar apenas a parte adjetiva, as fórmulas de luta. A cobrança constante aos seus membros, nas reuniões, para que tornem feliz a humanidade pelo amor, pelo aperfeiçoamento dos costumes, pela tolerância, pela igualdade e pelo respeito à crença de cada um, não é feita no sentido figurado, mas real, as suas palavras devem ser tomadas ao pé da letra.

Assim, como os períodos da História, nossa Ordem já está vivendo o quarto período. Hoje não somos mais do que MAÇONARIA TOLERANTE, para não dizer OMISSA.

A Maçonaria na Internet

Irm∴ Limirio de Almeida Carvalho[1]
Or∴ de Juiz de Fora – MG

INTRODUÇÃO

A sociedade moderna tem trazido ao homem, sempre em taxas progressivamente mais aceleradas, um grande número de novas exigências e novos desafios. O maior risco de um indivíduo, de uma empresa, de uma sociedade ou mesmo de uma nação é o de se tornar insensível a um ambiente de profundas mudanças, caracterizado por ameaças potenciais e oportunidades rapidamente mutáveis. Buscar a adaptação a essas novas situações implica em intensificar, cada vez mais, as trocas de experiências e informações, isto é, uma busca incessante de conhecimentos e aptidões.

O Maçom, agora mais do que nunca, deve se informar e analisar estas mudanças para estar consciente das transformações que estão ocorrendo à sua volta.

EVENTOS SIGNIFICATIVOS

Ao se fazer uma rápida análise da evolução do homem e da tecnologia, num horizonte temporal mais profundo, poderemos concluir que a cada dia temos mudanças maiores em intervalos de tempo cada vez menores. Para exemplificar esta afirmativa, apresentamos no quadro 1, os eventos e as mudanças mais significativas que marcaram a evolução do homem, da tecnologia e, como conseqüência, das sociedades – agrícola, industrial e da informação.

---

(1) Obreiro ativo e regular da A∴ R∴ L∴ S∴ "Montanheses Livres" do Rito Brasileiro, nº 009, GOMG/COMAB, Oriente de Juiz de Fora, MG e Pesquisador III da EMBRAPA/CNP – Gado de Leite. *E-Mail:* limirio@cnpgl.embrapa.br.

QUADRO 1. Eventos(*) significativos da evolução do homem e da tecnologia ao longo do tempo e seus intervalos com relação ao ano de 1995.

EVENTO	ANO	INTERVALO (ANOS)
Criação do Universo	15 bilhões	15 bilhões
Primeiro homem na terra	4,5 milhões	4,5 milhões
Criação da linguagem falada	100 mil	100 mil
Linguagem escrita	5 mil	5 mil
Primeiro laboratório de pesquisa (Alexandria)	310 a. C.	2,3 mil
Primeiras faculdades (Inglaterra, Itália e França)	1200	795
Invenção do papel (China)	1300	695
Primeira máquina a vapor (James Watt)	1775	220
Primeira estrada de ferro	1829	166
Invenção do telégrafo	1844	151
Máquina de escrever	1868	127
Primeiro telefone (Gram Bell)	1876	119
Transmissão telegráfica sem fio (Marconi)	1885	110
Primeiro avião (Santos Dumont)	1904	91
Primeiro carro Ford modelo T	1909	86
Transmissão experimental de TV	1929	66
Avião a jato (ME-262)	1937	58
Primeiro míssil operacional (Bomba V-2)	1944	51
Bomba Atômica (Alamogordo, NM)	1945	50
Primeiro computador a válvula (ENIAC)	1947	48
TV em cores	1953	42
Primeiro satélite artificial (Sputnik)	1957	38
2ª geração de computadores (transistor)	1958	37
Primeiro vôo espacial tripulado (Y. Gagarin)	1961	34
Primeiro satélite de telecomunicações (Early Bird)	1963	32
3ª geração de computadores (circuito integrado)	1965	30
Homem na lua	1969	26
Calculadoras científicas portáteis	1971	24
Microeletrônica c/ VLSI	1975	20
Fibra ótica e videocassete (Betamax)	1976	19

Microcomputador pessoal	1977	18
Compact Disc (CD)	1982	13
CD-ROM é introduzido	1985	10
Upgrade do Backbone da Internet	1989	06
Surge a realidade virtual	1990	05
5 milhões de casas *on-line*	1993	03
A Internet alcança popularidade no mundo	1994	01
A Internet no Brasil atingiu 250 mil usuários	1995	00
A Internet no Brasil atingirá 1 milhão de usuários	1996	

(*) Adaptado de HAUSMANN, 1991, SILVA, 1991, O'CONNEL, 1995 e WETTREICH, 1996.

A partir da década de 90, diversas tecnologias foram ou estão sendo lançadas no mercado mundial, causando impactos tecnológicos. Dentre elas poderíamos citar: fax, telefone celular, antena parabólica, microcomputador do tipo "Lap-Top", projeto Genoma, automação/robotização industrial, monitoramento ambiental através de satélites, materiais cerâmicos, vôos hipersônicos, utilização da energia solar em residências, estação espacial tripulada, computadores de 5ª geração, correio eletrônico etc.

Concluímos que a nova década dá início a uma nova era. Estamos presenciando um período de assombrosas inovações tecnológicas, oportunidades econômicas sem precedentes, surpreendentes reformas políticas e intenso renascimento cultural.

CONCEITUANDO A INTERNET

A Internet é um dos assuntos mais freqüentes nos jornais, revistas, rádios e televisões dos anos 90. Fala-se que hoje deve existir mais de 50 milhões de usuários da Internet com acessos variados e que ela está provocando uma grande transformação no mundo.

No início da era do computador, nos anos 60, os militares americanos pediram a cientistas que encontrassem a melhor forma de comunicação entre um número ilimitado de máquinas, sem depender de um único computador centralizando e dirigindo a rede. Os militares tinham receio de que a rede administrada por um ponto central ficasse exposta a ataques nucleares. Como se sabe, as décadas de 60 e 70 foram marcadas por freqüentes ameaças mútuas de hecatombe nuclear e jogadas políticas de risco. Era a guerra fria, principalmente entre EUA e URSS.

Em 1969 o governo americano fundou a Arpanet *(Advanced*

Research Projects Agency Network) que usava uma nova tecnologia de comunicação, para a época, denominada troca de pacotes *(packet-switching)*. A Arpanet rapidamente se expandiu; primeiramente por dezenas de universidades (89/90) e posteriormente por diversas empresas, que a ela somaram diversas melhorias. Foram criados programas para ajudar as pessoas a trocar correio eletrônico *(e-mail)*, acessar remotamente banco de dados, operar supercomputadores à distância e criar quadros de avisos eletrônicos. Acredita-se que a mais poderosa inovação tenha sido inicialmente a criação do protocolo que deu a Internet seu nome – *The Internet Protocol – IP*. Posteriormente evoluiu para TCP/IP *(Transmission Control Protocol/Internet Protocol)*.

O TCP/IP permite que qualquer número de computadores ligados em rede atue como uma única máquina, funcionando como um sistema global de correio, em que muitas diferentes autoridades, em diferentes locais, cooperem entre si, movendo e entregando a correspondência de uns e outros.

Rapidamente a Internet tornou-se popular no meio acadêmico e de pesquisa e a partir daí, junto aos fabricantes de computadores. No final dos anos 80, havia milhões de computadores e milhares de redes sendo utilizadas. Hoje, a Internet é composta de 50 mil diferentes redes ao redor do mundo, cobrindo as mais vastas regiões geográficas como a China ou apenas um único *campus universitário*.

CRESCIMENTO DA INTERNET

O crescimento dos usuários da Internet criou um grande mercado de massa que fez explodir o surgimento de serviços que podem ser acessados através de um computador pessoal, um *modem* e uma linha telefônica. Não existe um censo global sobre o número de usuários da Internet e mesmo se existisse, o resultado seria desatualizado na data de sua publicação. Estima-se que a taxa de crescimento anual do número de usuários varia de 55 a 150%. Há hoje no mundo algo como 50 milhões de usuários, interconectados através de aproximadamente 4 milhões de máquinas, distribuídos por mais de 120 países. Algumas projeções abalizadas asseguram que até o final do século haverá 100 milhões de usuários na rede mundial.

No Brasil, de acordo com as previsões das revistas especializadas e do Coordenador do Comitê Gestor da Internet BR e Secretário de Política de Informática e Automação do Ministério da Ciência e Tecnologia, Dr. Ivan Moura Campos, existiria hoje algo em torno de 250 mil usuários e que até o final do ano de 1966, 1 milhão de brasileiros estarão se conectando à Internet. Isto significa que serão em torno de 7 milhões de *"internautas"* brasileiros nos próximos três a cinco anos. Outro dado revelador que um estudo técnico descobriu é a presença atualmente de 26 mil servidores brasileiros na rede, crescendo a razão de 50% ao mês.

ASSUNTOS DA INTERNET

A variedade de informações e serviços utilizados na Internet é virtualmente interminável. Qualquer usuário pode buscar a cotação de uma ação da bolsa, reservar uma passagem aérea, checar o tempo em sua cidade, visitar museus internacionais, ler testes de novos produtos de consumo, procurar referências nos catálogos das maiores bibliotecas do mundo, ler documentos que já foram secretos nos arquivos da ex-União Soviética, ver imagens do fundo do Mar Morto, trocar mensagens em tempo real com australianos, japoneses ou canadenses, acessar os arquivos de quase todas as universidades do mundo, realizar conferências ao vivo, conseguir informações governamentais, obter fotografias capturadas pela telescópio Hubble e até mesmo pegar material erótico digitalizado. Enfim, qualquer coisa que puder ser colocada sob forma **digital** poderá ser capturada na Internet, isto é, fotografias, videoclips, músicas, discursos, jogos, programas de computador, reproduções de artes são apenas algumas coisas, além de textos, que podem ser enviados por meio eletrônico.

Talvez, a grande atração da Internet para a maioria dos usuários seja a habilidade de se comunicar com estranhos. Estranhos interessantes que podem oferecer ajuda numa ampla variedade de situações. Parte da beleza da Internet é na verdade o prazer que existe na exploração e descoberta de novidades.

USUÁRIOS DA INTERNET

Pesquisadores no trabalho científico, crianças do ginásio brincando de jogos, famílias trocando mensagens eletrônicas, executivos enviando e recebendo ordens, jornalistas buscando novas idéias, professores universitários discutindo temas, Maçons estudando história, liturgia e filosofismo, religiosos comentando os livros sagrados, financistas verificando os índices das bolsas de valores, comerciantes consultando catálogos de vendas, médicos trocando informações são apenas alguns exemplos do tipo de público que usa freqüentemente a Internet.

Segundo uma recente pesquisa do Massachusetts Institute of Technology – MIT dos EUA, o usuário médio da Internet tem cerca de 30 anos e é predominantemente do sexo masculino, embora as mulheres estejam rapidamente se tornando *internautas.* Outra constatação é que o uso da Internet está ligado a níveis mais elevados de educação e salário. Isto não surpreende, porque é necessário algum dinheiro e conhecimento para comprar e operar um computador.

A Internet além de apresentar vários recursos e possibilidades, tem a eventual capacidade de democratizar a informação. Outro aspecto interessante é que a Internet, através dos computadores, aproxima tremendamente as pessoas – que o diga a novelista Glória Perez, que recentemente terminou uma história que fantasia algo do que viu na vida real durante o convívio *on-line* que precedeu a redação de sua novela.

A TEIA DE ALCANCE MUNDIAL *(World Wide Web)*

A Internet está se tornando cada vez mais fácil de se usar, até mesmo para as pessoas não técnicas. Ela está se modificando das telas simples de textos monocromáticos ou preto-e-branco para as coloridas telas gráficas com som e vídeo. Com o auxílio de programas específicos – por exemplo a última versão do Netscape – e um *mouse* para se clicar nos diversos botões gráficos disponíveis na tela, o usuário poderá ver e viver o futuro da Internet através de uma viagem virtual por uma vizinhança simplesmente espetacular.

Esta facilidade é conseguida através de um serviço da Internet denominado *World Wide Web* (literalmente, teia de alcance mundial) também chamado de WWW, W3 ou Web. Neste serviço milhares de computadores – os servidores Web – estão espalhados por todo o mundo e contêm todo tipo imaginável de informação, permitindo ao usuário pular de um computador Web para outro sem o menor esforço, criando uma fantástica ilusão de que se está operando, a partir da própria máquina, um supercomputador repleto de informações. A base do Web é a *hipermídia,* isto é, uma maneira de conectar mídias como textos, sons, vídeos e imagens gráficas. O serviço Web é o principal responsável pela popularização da Internet.

CORREIO ELETRÔNICO *(e-mail)*

Uma das primeiras tarefas que o usuário aprende quando inicia na Internet é o domínio do correio eletrônico – é chamado de *e-mail.* O *e-mail* é o recurso mais popular e portanto o mais utilizado na rede.

O correio eletrônico permite a troca de mensagens e a participação em listas de discussão. Através do *e-mail* o usuário poderá enviar uma mensagem para uma ou mais pessoas; ler mensagens, e depois deletá-las, arquivá-las ou imprimi-las; responder ao remetente de uma mensagem e citar o texto original na sua resposta; reenviar uma mensagem para outra pessoa, acrescentando um comentário no início e subscrever-se ou deixar de assinar uma ou mais listas de discussão.

LISTAS DE DISCUSSÃO *(Newsgroups)*

Existem milhares de áreas na rede onde é possível trocar mensagens públicas sobre diversos assuntos variando do rock aos semicondutores, de vinho a orquídea, de futebol a ópera, inclusive sobre Maçonaria. Neste tipo de lista qualquer usuário nela inscrito pode enviar mensagens que serão distribuídas para todos. Um dos assinantes envia uma mensagem fazendo uma pergunta; dez outros enviam mensagens com opiniões sobre vários assuntos; seis respondem a algumas perguntas, e assim vai seguindo a vida numa determinada lista deste tipo.

O interessante é que o usuário ao fazer determinado questionamento, poderá receber diversas respostas coincidentes ou não sobre o assunto e ao mesmo tempo identificar cada assinante através do *e-mail* do remetente. Posteriormente este usuário poderá trocar correspondência pública ou privada com determinado correspondente que ele acabou de conhecer naquela lista de discussão.

MAÇONARIA E INTERNET

A Maçonaria tem uma imagem de retidão, hierarquia, sigilo e estabilidade num mundo que está em constante mudança. A Internet tem uma imagem que de certa forma é a antítese da Maçonaria. Ela é moderna, inovativa, dinâmica, complicada e excessiva.

Como poderia haver lugar para a Maçonaria na Internet? Pode não parecer, mas há muita similaridade entre Maçonaria e Internet. Se não vejamos: há um espírito de igualdade na Internet que confere a cada pessoa a oportunidade de emitir sua própria opinião e questionamento; existe também fraternidade – as pessoas estão juntas por interesses comuns, não por acidente geográfico ou familiar; e há também a liberdade – a Internet é algumas vezes um país sem fronteiras, sem leis e caótico mas muitas vezes é excitante e instrutiva.

Liberdade, Igualdade e Fraternidade! É a condição ideal para a Sublime Ordem prosperar. É o local ideal para que a irmandade de todo o mundo se encontre num espírito de fraternidade para transmitir felicidade e difundir a luz da sabedoria.

LISTAS DE DISCUSSÃO E ENDEREÇOS DE PARTICIPANTES

Na Internet a lista de discussão *(mailing lists, newslgroups)* é a maneira pela qual um número de pessoas com interesse comum pode discutir através do correio eletrônico *(e-mail)*. No momento deve existir mais de 20 listas de discussão somente sobre Maçonaria onde participam tanto Maçons como profanos interessados no assunto.

Os temas em discussão nestas listas são variáveis. Apenas como exemplos poderíamos citar os seguintes assuntos: Ritos e Rituais, cor do Avental, vestimenta, mulheres na ordem, ordem De Molay, Maçonaria dos mórmons, Le Droit Humain (co-Maçonaria feminina), moças do Arco-Íris, Maçons na Austrália, Maçonaria no Reino Unido, nos EUA, Lojas escandinavas, ataques à ordem, Maçonaria Prince Hall, revistas eletrônicas, etc. Os quadros a seguir ilustram alguns dos endereços de listas, revistas eletrônicas, home pages (acessados através de WWW) e participantes destas discussões.

QUADRO 2. Endereços de algumas listas de discussão.

ASSUNTO/TEMA	ENDEREÇOS (URL)
Lista americana	freemasonry-list@sclinux.blm.gov.
Lista australiana	oz-mason@beastmaster.hna.com.au
Lista dos Mórmons	mormons-masons@sara.zia.com
Lista inglesa	ukmason-list@infohighway.co.uk

QUADRO 3. Endereços de algumas revistas eletrônicas e seus editores.

ASSUNTO/TEMA	ENDEREÇOS (URL)
Masonry Universal (revista)	fileserv@beastmaster.hna.com.au
Gordon Charlton (editor)	gordon@charlton.demon.co.uk
Philalets (revista) – Nelson King (editor)	nking@onramp.ca

QUADRO 4. Endereços de Home Pages (WWW).

ASSUNTO/TEMA	ENDEREÇOS (URL)
–	gopher://fir.cic.net:70/11/Politics/ LaRouche
–	http://www.nai.net/~tcoates/masonic.html
A Page About Freemasonry	http://web.mit.edu/dryfoo/www/Masons/Main-page.html
Clayton Lodge #601 AFAM	http://www.pitt.edu/~msykuta/masonic/clayton.htm
Dark Side of the Web	http://www.cascade.net/darkweb.html
Freemasonry Archives	http://www.chrysalis.org/masonry/files.htm
Freemasonry in Australia: demonstration and trail only	http://www.adfa.oz.aul/%Erap/freemasonry/
FreeMasonry in the 21 st Century	http://www.primenet.com/~dbjoyy/mason.html
Freemasonry Organization	http://www.freemasonry.org/
Freemasonry WWW Sites	http://www.gryffin.com/m-links.html
FTP Directory of /thelonius...	ftp://thelonius.mit.edu/pub/Masonry
Gnosis archive	http://www.webcom/—gnosis
Grand Lodge List – USA	http://www.primenet.com/—ottinge/gl.html
Grand Lodge of Japan, F.A.M.	http://www.iac.co.jp/~masonic/
Great Light of the World Wide Web	http://freemasonry.org/glowww/
Hiram's Inner Chamber	http://international.com/hiram/hiramhome.html
Kessinger Publishing	http://www.netrix.net/kessinger/
Lycos Search: Freemasonry	http://lycos-tmp1.psc.edu/cgi-in/pursuit?query=freemasonry
Masoneria Universal – Gran Logia de Espanha (GLE)	http://www.wsite.es/glc/

ASSUNTO/TEMA	ENDEREÇOS (URL)
Masonic FAQ	http://tahoma.cwu.edu.2000/~joseyj/faq-title.html
Masonic Pages Guestbook: Top Page	ftp://thelonius.mit.edu/pub/Masonry/Guests/gb-top.html
Masonry: Request for Correspondence	http://web.mit.edu/afs/athena.mit.edu/user/d/r/dryfoo/www/Masons/–Request.html
NetSurfer's Home Page	http://www.pixi.com/~netsurf/
Other Masonic Home Pages	http://coyote.accessnv.com/cards/others.html
Perfect Union Lodge (RJ – Brazil)	http://www.inf.puc-rio.br/~clinio/pu.html
Peter Trei's Internet Masonic Resources	http://www.iii.net/users/trei/masonurl.htm
RCNet – Index to Other Documents	http://www.rc.net/rcchurch/otherdoc/index.html
Roger M. Firestone	http://www.ccsf.caltech.edu/~rfire
The Philalets Society	http://www.freemasonry.org/psoc
The World of Freemasonry Home Pages	http://coyote.accessnv.com/cards/index.html
Theosophy Corner	http://zeta.cs.adfa.oz.au/Spirit/Theosophy/Overview.html
Timo's Freemasonry Pages	http://www.sci.fi/ttg/masonry.html
UK Masonry on the Net	http://homepages.enterprise.net/haydn.jones/ukmason.html
WebCrawler Results for "freemasonry"	http://webcrawler.com/cgi-bin/WebQuery?freemasonry
WebCrawler Searching	http://www.Webcrawler.com
Yahoo Search Results	http://search.yahoo.com/bin/search?p=masonry

QUADRO 5. Endereços de alguns participantes das listas de discussão.

NOME/LOCALIDADE	ENDEREÇOS (URL)
A. W. FARNSWORTH, IV	awf@in.net
Barry Kornspan, PGO – Masada Lodge #51, Union, NJ. 32', Valley of Northern, NJ, AASR. Corinthian Chapter #57 RAM, Westfield, NJ	BKornspa@USCCMAIL.uscc.bms.com
Bro.Peter	Jgcaroline@aol.com
Charles H. Tupper – Master, Thomas M. Reed Lodge #225 (Seattle). Librarian, MWGL of F&AM of Washington State	tup@cyberspace.com

NOME/LOCALIDADE	ENDEREÇOS (URL)
Dave Einhorn	DEINHORN@isnov.ab.umd.e
Don Bradley	dbjoyy@primenet.com
Fred M. Waid – Jornada Lodge #70, Mesilla, NM	fwaid@sara.zia.com
George W. Eaton – KT 32, JW – Zion 77, JW – Kerrisdale 117, Tyler – Meridian 108. Vancouver, BC, Canada	gwe@unixg.ubc.ca
Gordon Charlton – Past Master, Eastcote Lodge #5515, Province of Middlesex. United Grand Lodge of England	gordon@charlton.demon.co.u
Gudmundur Fr. Kristjansson, – Le Droit Humain, (Sister?). Iceland	gudmkr@itn.is
Henry W. Miller (resp. lista americana)	henrym@sancto.mp.usbr.go v
Limirio A. Carvalho – M.·. M.·. Loja “Montanheses Livres” #009, GOMG/COMAB. Juiz de Fora, MG	limirio@cnpgl.embrapa.br
Mark R. Sandstrom – Master, Covina Lodge #334, Covina, CA	marksand@cyberg8t. com
Paul Arturi – Albion Lodge #2, Quebec City	arturi@zone.ca
Paul M. Bessel	paulb@cpcug.org
Pierre Lamoureux – Liberty Lodge #1289	plamoure@riq.qc.ca
Rick Reade – Hiram 13 AF&AM, Albuquerque, NM	bowen@argo.unm.edu
Roger M. Firestone – 32 KCCH. Master, Adoniram-Zabud Council #2, Cryptic Masons of DC	rfire@cais.cais.com
Tom Chapman	eaglecomp1@avalon.net
Tom Gasque, M.·M.·., Secretary Mount Zion Lodge #50 – (PHA) Hackensack, NJ.	Tom–Gasque@msn.com
William A. Carvalho, M.·.M.·., GOB, Brasília, DF	walmeida@embratel.net.br
William E. Gilbert	Bill–Gilbert@msn.com

AGRADECIMENTOS

Desejo expressar meus sinceros agradecimentos aos Ilrm.·. William A. Carvalho e Gordon Charlton pelo envio de *e-mails*, contendo valiosas informações que muito contribuíram para a execução deste trabalho.

Bibliografia Consultada

BECHERINI, F. Listserver – simples, mas útil. *Internet World*. vol. 1(2):106-108. 1995.

CHARLAB, S. Nenhuma pergunta é tola. *Internet World*. vol. 1(1):34-35. 1995.

CHARLAB, S. O mundo 'on-line'. *Internet World*. vol. 1 (6):26-29. 1996.

CHARLAB, S. A força da internet brasileira. *Internet World*. vol. 1(8):8. 1996.

DEAK, F. G. Liberdade poética para a internet. *Internet World*. vol. 1(6):130. 1996.

HAUSMAN, S. Mudanças Organizacionais em Instituições de P&D. XVII Ciclo do Programa Modular do PROTAP. Sessão: Clima e Cultura Organizacional. IA-FEA-USP. 1991b. 24p. (xerox).

KANTOR, A. Senhoras e senhores acelerem as máquinas. *Internet World*. vol. 1(1):22-23. 1995.

SILVA, L. N. e. **A 4ª Onda – Os novos rumos da sociedade de informação**. 3ª Ed. Editora Record. Rio de Janeiro, RJ. 1991. 208p.

SIQUEIRA, L. A. Contagem regressiva. *Internet World*. vol. 1(1):38-40. 1995.

SIQUEIRA, L. A.; CHARLAB, S. Ao povo o que (ainda) é da elite. *Internet World*. vol. 1(8):41-47. 1996.

TAKAHASHI, T. Internet Brasil: emergindo da 'bat-caverna'. *Internet World*. vol. 1(1):24-25. 1995.

TAKAHASHI, T. Trilogia da internet no Brasil (I). *Internet World*. vol. 1(2):82-85. 1995.

WETTREICH, M. Internet para todos. *Internet World*. vol. 1(5):8. 1996.

O Futuro da Maçonaria

Irm∴ Jorge Lasmar
Or∴ de Belo Horizonte – MG

O título destas linhas não é meu. Já o vi alhures. O futuro da Maçonaria está se tornando preocupação e passa a interessar os que amam a instituição. Ela é, sem dúvida, a maior instituição humana que existe na face da terra. A sua natureza reveste-se dessa condição. O homem a constitui e é sempre o homem, com seus defeitos e virtudes, para ele a eternidade não existe.

A pergunta e a resposta tornam o tema, ao mesmo tempo, intrigante e perplexo, porque ligadas necessariamente ao próprio homem, sua conduta e ao seu comportamento presente ou futuro na sociedade.

No meu entender, a busca de uma resposta deve começar na indagação da origem e da finalidade da Maçonaria.

Queiram ou não os cientistas da instituição, doutrinadores e filósofos, os inventores, progressistas, ou os inovadores de boa fé, a origem da Maçonaria moderna está nas corporações profissionais medievais e carrega, indiscutivelmente, o seu caráter cristão.

Dentre as teorias que investigaram a origem da instituição, a mais acertada é a que decorre daquelas corporações, erigidas sob a influência da Igreja dominante.

Admitida a sua origem, procuremos a sua definição. Temos visto várias definições de *Maçonaria*. Bonitas, expressivas, imaginosas, criativas, concludentes. O Ritual Emulação, que dispensa comentários, responde que *Maçonaria é um sistema de moralidade, velado em alegorias e ilustrado por Símbolos.* Posso estar enganado, entretanto, afirmo que no texto dos Rituais que passaram pelas minhas mãos, este é o que oferece uma resposta à pergunta: *o que é a Franco-Maçonaria?*

Dentro, pois, dos exatos termos da resposta, a Maçonaria *é um sistema de moralidade*. Sistema, do grego *Systema,* significa reunião, grupo, um conjunto de elementos, materiais ou idéias, entre os quais se possa encontrar ou definir alguma relação. Segundo o *Dicionário de Filosofia,* de Nicola Abbagnano, "é um conjunto de verdades ligadas entre si e com seus princípios". O verbete é extenso em qualquer dicionário.

E *moralidade,* o que vem a ser? A palavra vem do latim *moralitas,* que significa o caráter próprio de tudo aquilo que se conforma às normas morais. Daí vem o termo *moralismo,* que é a doutrina que faz da atividade moral a chave para a interpretação de toda a realidade. O termo foi empregado em 1801, neste sentido, por Fichte, Johan Gottlieb, um dos maiores filósofos alemães. Fichte era Maçom, discípulo de Kant, sempre encantado pelas suas idéias e com o seu idealismo filosófico.

Já se afirmou que a moral maçônica consiste em uma certa filosofia de trabalho, a qual é enfatizada, mas que não constitui o objeto de um ensinamento didático, ao contrário dos métodos profanos. A MORAL maçônica é a moral mais pura, a moral natural, a da decência e da dignidade, dos homens de bem.

Voltemos àquela definição de Maçonaria.

Peculiar, é o que é próprio do *sistema,* da pessoa ou da coisa.

Alegoria, o dicionário informa ser a exposição de um pensamento sob forma figurada. Ficção que representa ou abrange uma coisa para dar idéia de outra. Simbolismo concreto que abrange o conjunto de toda uma narrativa ou quadro, de maneira que a cada elemento do símbolo corresponda um elemento significado ou simbolizado.

Alegoria e símbolo se confundem, aparecem como sinônimos, "mas devem ser compreendidos da maneira acima".

Alec Mellor, de quem nos valemos, acrescenta: "Ninguém se aproximou tanto da verdade do que esse grande Franco-Maçom que foi GOETHE, quando escreveu: 'O *simbolismo* transforma os fenômenos visíveis em uma idéia, e a idéia em imagem, mas de tal forma que a idéia continua a agir na imagem, e permanece, contudo, inacessível; e mesmo se ela for expressa em todas as línguas, ela permanece inexprimível. Já a *alegoria* transforma os fenômenos visíveis em conceito, o conceito em imagem, mas de tal maneira, que esse conceito continua sempre limitado pela imagem, capaz de ser inteiramente apreendido e possuído por ela, e inteiramente exprimido por essa imagem.'" (Exemplificando: Símbolo – o triângulo; Alegoria – a Lenda de Hiram)

Estabelecidos esses conceitos, parece-me que devo escrever alguma coisa sobre o *caráter* da Maçonaria, o que parece indispensável para a conclusão final: a resposta.

João Nery Guimarães, na apresentação *de Filosofia da Maçonaria,* da autoria de Fichte, Editora A Fraternidade, 1984, São Paulo, discorrendo a respeito do seu pensamento e filosofia, em linhas preciosas de síntese, procura esclarecer que, para se entender a Maçonaria, é necessário *entender* que existem, basicamente, três Maçonarias: a inglesa, apegada à tradição e ao Ritual, imutável nas suas formas consagradas por três séculos; a francesa, originária da inglesa, mas que sofreu profundas alterações em função do meio em que se desenvolveu, político, social e religioso, repercutindo entre outras, no Brasil, nos países hispano-americanos; e a Maçonaria alemã, também vinda da Inglaterra, mas que sofreu a marca do espírito germânico, propenso às especulações filosóficas.

Conclui o ilustre escritor João Nery Guimarães, que já nos brindou com a excelente *Constituição de Anderson,* em rica publicação, dizendo que a Maçonaria inglesa é *estática, conservadora;* a francesa, formada no meio hostil à liberdade do pensamento e intolerante, partiu para a luta *que visava transformar tais condições* e, a alemã, que enveredou para os estudos de alta indagação.

Todas tendências ou correntes maçônicas levam ao mesmo fim: o aperfeiçoamento do homem e da humanidade dentro de uma correta evolução.

Conclui-se que a Maçonaria, pelo seu caráter universal, procura, através do conhecimento e de práticas atinentes à conduta e comportamento do homem, a sua melhoria moral e espiritual, em suma: valorizar o homem e resgatar a dignidade da pessoa humana. Essa circunstância sobreleva-se a qualquer tendência do pensamento, histórico ou político, ou de entendimentos particulares, porque encerra no homem, como destinatário dos bens da vida, o objetivo supremo: a possibilidade da felicidade através da fraternidade.

Em 1875, em Lausanne, Suíça, assim se proclamou: “Para elevar o homem em seu próprio autojulgamento, para fazê-lo digno de sua missão terrena, a Maçonaria sustenta o princípio de que o Criador Supremo deu-lhe como bem mais precioso a liberdade; liberdade, patrimônio de toda a humanidade, Raio do Alto que ninguém tem o direito de apagar ou amortecer, origem dos sentimentos de honra e dignidade”.

Aproveitando, ainda, alguns dos termos da Proclamação, podemos acrescentar que a Instituição está aberta aos homens de todo mundo, não importa raça, credo, nacionalidades, porque o seu objeto é combater e erradicar a ignorância, praticar a justiça, o amor no relacionamento social, a luta pelo bem da humanidade e sua emancipação progressiva e pacífica.

E assim vamos chegando à finalidade da Maçonaria e, sem maiores esforços, ao próprio homem e ao seu destino. A Constituição de Anderson é, em última análise, um código de moral que conclama à prática dos seus sagrados deveres, que propõe a convivência fraterna entre os homens, filhos iguais de um único Deus, que se distinguem pelo mérito. A Maçonaria, como o centro de união, Inculta os meios para estabelecer leal amizade entre as pessoas que, sem ela, não se conheceriam nem se tratariam como amigos e Irmãos.

O Maçom, por tudo isso, passa a compor uma sociedade diferente, a sociedade dos Maçons, que se reflete na sociedade conforme o exemplo que pode e deve dar. O Maçom é um predestinado, com um fim a alcançar na sua vida, na sociedade onde vive. A sabedoria e a experiência que acumula no tempo, as oportunidades que a instituição propõe ao homem para o seu desenvolvimento, a satisfação íntima que proporciona, decorrente de uma sincera e exata exigência do espírito, leva sentido nessa afirmação: o Maçom é mesmo um predestinado.

É curioso, é interessante verificar como o Ritual emprega o termo *inclinação,* para significar o pendor, o interesse do candidato pela atividade maçônica. Uma *inclinação* destituída de interesses subalternos, mercenários ou menos dignos, livre e espontânea, leva o candidato a apresentar-se aos sagrados mistérios, sem opiniões preconcebidas, movido pela vontade sincera de ser útil ao seu semelhante, de instruir-se e aperfeiçoar-se através do conhecimento.

Dir-se-á que este trecho foge ou não interessa ao tema. Veremos, contudo, como se torna procedente. Até esta altura, duas circunstâncias excepcionais apresentam-se na vida da Maçonaria: a primeira, a constante presença de Deus e a segunda, a prática da moral mais pura, para estabelecer a Fraternidade entre os homens e os povos.

O Ritual é um método para investigação da Verdade, pelo que exige do iniciando este *compromisso,* além da reputação de honra e probidade indiscutível. A sua aceitação confere ao Maçom a independência necessária para, dando prevalência às coisas do Espírito sobre a Matéria, condenar a exploração do homem pelo homem e a desigualdade social. Condenar a miséria, o obscurantismo, a superstição; condenar todas as tiranias, inclusive as de natureza intelectual, como método de domínio da consciência, que retira-lhe gradual e sorrateiramente a liberdade.

Iríamos longe, por outro lado, demonstrando o trabalho que está reservado ao Maçom, para a realização dos fins da sua instituição, inclusive no que se refere à justiça social.

Os sonhos podem se tornar realidade. Só os vivos podem sonhar. O Maçom é um sonhador. É pena que muitos ainda não atinaram que eles são agentes de transformação social e que podem transformar seus sonhos em realidade. Mas, será que todos os Maçons são Maçons?

Com estas considerações, que poderiam se alongar, vamos procurar responder à pergunta: Qual o futuro da Maçonaria, como instituição essencialmente humana?

Não se assuste o leitor desavisado. Os problemas existem desde os primeiros tempos, da desvirtuação da verdadeira Maçonaria até aos inimigos gratuitos, das novidades às divergências que surgem, nada abala seus fundamentos. Não conseguiram acabar com ela e nem vão conseguir.

A Maçonaria tem seus inimigos, internos e externos. Há mais de 50 anos, alguém escreveu: "*Enfim, como toda sociedade humana, a Maçonaria tem também inimigos internos: membros pouco zelosos da prosperidade da associação, indiferentes à sua obra, ou que, excluídos por determinados motivos, vingam-se dela desconsiderando-a e induzindo sobre sua atividade conceitos malévolos*".

É preciso admitir que a instituição maçônica, a sua tradição e ortodoxia, pela intervenção desastrada de muitos, têm sido objeto de questionamentos quanto ao seu agir e ser. Este fato provoca um inquestionável prejuízo, que repercute nas Lojas e nos Maçons, pela perplexidade que carrega.

A ausência de uma política geral, que propague e ensine os verdadeiros princípios e objetivos da Instituição, influi na formação do Maçom e enfraquece as Lojas.

A causa principal estaria na admissão dos candidatos, mal escolhidos, mal preparados, mal instruídos. Esta afirmativa comporta material abundante para a discussão do problema, porque diz respeito ao futuro.

Como decorrência, podemos dizer que o desencanto e o desinteresse afastam os Iniciados das Lojas, onde não encontram uma perspectiva, uma linha a seguir, não obstante tudo quanto ouvem e lêem a respeito da excelência da Instituição. Não lhes desvendam os olhos, não podem amar o que não conhecem.

Essa evasão é um fato notório, não ocorre apenas no Brasil, ocorre em outras praças.

A vaidade de muitos, por outro lado, concorre para a distorção das linhas fundamentais do aprendizado, prejudicado pelas práticas anti-ritualísticas inovadoras, que vão desde a prevalência de coisas absolutamente acidentais, em detrimento das substâncias, a implantação de outras, estranhas à doutrina e filosofia maçônicas.

A Maçonaria deixa de ser o trabalho para a evolução do homem e da própria humanidade, para se tornar o passatempo de certas pessoas, esquecidas de sua origem iniciática, apenas agrupados em Lojas que se transformam em clubes sociais. Na verdade, os esforços para combater estes males são poucos, porque prevalecendo o egoísmo ao lado do individualismo, eles se alastram e os compromissos morais e de fidelidade assumidos com a instituição vão perdendo sentido.

Há que se considerar, também, os pregoeiros de um saudosismo, arautos de um passado onde, segundo eles, a Maçonaria patrocinou revoluções numa atividade libertária e hoje ela não faz nada! É a Maçonaria político-partidária, a tendência de alguns que procuram ignorar sábios conselhos que evitam a desagregação e a desunião. O desconhecimento da história, inclusive da história maçônica leva a essa situação. Esse problema existe e persiste. E bom lembrar o Manifesto de 5 de dezembro de 1831, mandado publicar por José Bonifácio: *"A voz da política nunca mais soará no recinto de nossos Templos, nem o bafo impuro dos partidos e das facções manchará a pureza de nossas Colunas".*

A discussão de matéria político-partidária está ligada à paixão do homem. E a Maçonaria, na sua sabedoria, veda essa discussão, porque desde seus primórdios atentou para os males que poderia produzir e que já teriam destruído a instituição.

Anote-se, também, que a Maçonaria não é uma religião no preciso sentido da palavra. Ela recebe praticantes de todos os credos, inclusive aqueles que têm uma noção particular do Divino.

Entretanto, encontramos tendências que procuram ligá-la ou

identificá-la como meio e fim de determinadas correntes de pensamento, o que significa o desprezo à ortodoxia maçônica, às suas sagradas tradições. Maçonaria não é fantasia, nem está ou se coloca ao sabor de determinados inovadores, é trabalho para restituir ao homem a dignidade da pessoa humana.

Tudo concorre para instalar a divergência nos arraiais maçônicos, especialmente quando se dá prevalência a tais circunstâncias, quando a matéria estabelece discussões que prejudicam o real objetivo da Instituição.

O descaso, também, pelas coisas da Maçonaria, as de natureza material ou espiritual, aparece e reflete no comportamento do Maçom e das Lojas. Este conjunto sempre atormenta a Instituição Maçônica, nele podem ser identificados os interesses pessoais e a vaidade e as práticas sem sentido, que levam a nada pelo seu próprio vazio.

Mas não quero perder-me. Preciso continuar em torno da intrigante pergunta. Ela precisa de uma resposta. Esta deverá conter, necessariamente, o que toda resposta concludente e lógica exige, o esclarecimento e comprovação. Deles há de surgir uma linha de ação política para a sua realização.

Enquanto a Instituição vê e assiste à passagem do cortejo e não se assusta, os Maçons bem intencionados manifestem sua preocupação com o futuro. Esta atitude sincera é, por si só, uma garantia de que os Maçons continuarão construindo nas suas Lojas *o futuro da humanidade,* concretizando o ideal da certeza de um futuro promissor.

Para construir esse futuro, a Loja precisa do Maçom. Logo, o futuro da Maçonaria está na mão do Maçom.

O mundo sempre atravessou crises, econômicas, morais, culturais. Todas foram sendo superadas, O progresso, civilização e a cultura foram avançando e enriqueceram o mundo. A luta entre o bem e o mal começou na criação e atravessará os séculos. O Maçom crê, firmemente, que a fraternidade se realizará na sua plenitude!

A história se repete, há o retorno às origens. O próprio Maçom fará esse retorno, procurando na simplicidade repensar a sua atividade, e no trabalho aplicado no conhecimento e na razão, recolocar-se-á no plano verdadeiro; ser útil a si mesmo e à sociedade.

O futuro pertence ao homem, não pode ser obra do acaso. O homem deve construir o seu próprio futuro sob pena de responder pela sua negligência. Já foi feito o interessante e simples questionamento: onde estávamos, onde estamos, para onde estamos indo? As questões são simples e importantes pelo que encerram. O questionamento encontra ressonância não só quando se refere aos interesses maçônicos, aplica-se, perfeitamente, ao comportamento do homem na sociedade.

O Maçom dispõe de condições, que não estão ao alcance do homem comum, do necessário para desenvolver a pergunta e respondê-la. No meu entender, a resposta é simples, pode ser sintetizada em poucas palavras: **O futuro é nosso**.

É necessário dizer: é hora de deixar o passado de lado, ele passou. Vamos enfrentar o presente capacitados para a tarefa de construir o futuro, sem desprezar, naturalmente, a herança que a Maçonaria, a ciência das idades, legou ao homem. Aproveitar a experiência sadia que está a nossa disposição. O homem inteligente aproveita a experiência dos outros.

A Maçonaria preconiza valores reais, como o amor à pátria, à família. A moral, dizendo respeito aos costumes e a ética como sua ciência, mostra tudo quanto de belo e sublime o mundo produziu para a liberdade e dignidade do homem, **como ser humano** e não uma **coisa**!

É preciso que levemos os ideais maçônicos para a sociedade, discuti-los com o próximo, de porta a porta com o vizinho, para que saibam o que vem a ser Maçonaria. Este papel está reservado às Lojas e aos Maçons, o de contar a sua história e influenciar as pessoas, despertando-lhes a curiosidade a respeito dos nossos postulados. As Lojas devem estabelecer entre os seus associados o clima adequado para o trabalho, espíritos desarmados, compostura ética e confiança, para que o fraterno relacionamento colha os êxitos, deixando à capacidade de cada um a conveniente resposta.

A *resposta* está na solidariedade das Lojas, da união que deve existir entre elas. Na colaboração que uma deve prestar à outra, na ajuda incondicional e na presença constante, como forma de destacar e prestigiar o trabalho da unidade maçônica. A união que deve existir entre as Lojas prevalece como forma de crescimento e de notável publicidade para os seus empreendimentos.

A resposta estará no trabalho de mostrar o que é a Maçonaria, sociedade benemérita da humanidade. Sem ofender aos princípios iniciáticos, que devem ser resguardados mais do que nunca, neles repousa a perenidade da instituição, esclarecer que não somos uma sociedade secreta, nem de grêmios beneficentes ou filantrópicos.

Vamos dizer ao grande público que somos uma sociedade de espírito, voltada para a valorização do homem no plano moral, espiritual e material, que pretende a verdadeira fraternidade. Repetir que a Maçonaria é um sonho tornado realidade pela força da inteligência na busca constante da verdade, num trabalho anônimo e jamais identificado, circunstância que lhe dá a inigualável condição de sociedade iniciática.

Vamos anunciar, mais uma vez, "que está acabado o tempo de enganar os homens, vamos repetir que os povos não subsistem para cômodo e divertimento dos Reis, mas, sim, os Reis para a felicidade e conservação dos povos".

Vamos pregar que o ideal maçônico continua sendo o repositório das esperanças de liberdade e de um sadio liberalismo democrático, da democratização econômica que todos desejamos, dizendo **não** ao conceito de que "o homem vale pelo que tem".

O futuro está nas nossas mãos. Aos Maçons e à fidelidade aos compromissos iniciáticos livremente assumidos, **a resposta depende deles**.

É hora do Maçom partir para uma batalha nova, uma revolução diferente e mais importante do que as do passado: Reconstruir dos escombros atuais uma nova sociedade para valorizar e promover o homem. O homem que assiste, sem poder de reação, ao desmoronamento do edifício moral, o homem que permite o domínio, que cada dia mais se amplia, da sua e da consciência de cada um, para cair no mar da indiferença.

É uma revolução complexa, que exige a força da razão, a inteligência, pensamento e raciocínio, para se contrapor às forças do Mal. As armas a serem utilizadas serão outras: novas formas de ação harmonizadas com as exigências do mundo atual, alicerçadas com o dever de fidelidade ao glorioso passado da Ordem Maçônica.

Todas as instituições que erigiram o homem como destinatário da humanidade, procuram colocá-lo no plano de suas esperanças. Para isso, porém, é indispensável reformular idéias, conceitos, estruturas, realizando no anonimato grandes obras. É necessário "tornar realidade as concepções humanas e sociais que estão nas promessas, sempre com a preocupação de ajustar sua presença aos grandes anseios coletivos nestes tempos agitados e cheios, também, de esperanças".

A Maçonaria já foi acusada de muitas coisas, inclusive de

revolucionária, entretanto, o seu trabalho teve um objetivo: a evolução, a evolução que consiste numa verdadeira tomada de consciência, de atitudes lógicas predispostas e destinadas a um fim, que é o homem, o destinatário dos bens da vida e que tem o direito de ser feliz!

Essa revolução pretenderá a restauração dos valores morais e da dignidade da pessoa humana mediante a promoção social do homem. Esta revolução se agiganta quando podemos encontrar a excepcionalidade do processo iniciático, o seu ajustamento prático à realidade social, revelando e aplicando princípios da moral e da ética como meios de ação.

Uma revolução para que a sociedade não continue **sem vontade**, indiferente aos que destroem a tradição e aniquilam o caráter cívico do povo, subtraindo-lhe a capacidade de reagir para aceitar a situação com o conformismo dos medíocres, em virtude da transigência sempre crescente da omissão.

Vamos mostrar que a Maçonaria, guardiã da liberdade, ideal tornado realidade pela força da Verdade, pode evitar o colapso social que ameaça o homem, a maior vítima, porque abastardado intelectualmente, dominado pelo medo e pela indiferença, admite gradualmente o enfraquecimento da sua reserva moral e espiritual.

Para responder à indagação quanto ao futuro da Maçonaria, precisamos iniciar a resposta relembrando as promessas que fizemos, entre elas, a da liquidação das falsas dependências do mundo profano, as dificuldades para nos tornarmos o *indivíduo qualificado, aquele que compreende a verdadeira realidade iluminada contida na Iniciação e,* que no cumprimento do dever, se sacrifica pela Humanidade.

Essa revolução que está reservada aos Maçons consiste no hercúleo esforço para rever posições, sem ofensa à imutabilidade da instituição, porque **não é lícito vulgarizar o sério**. Aparelhados com os instrumentos da Arte Real "restabelecer a transcendência da ética e da moral sobre as formas do agir humano", lutar contra a "massificação que desqualifica o homem e a hierarquia universal do espírito, promove falsos valores, rebaixa a cultura, o exercício da vida pública e dos bons costumes", porque propicia a exploração do homem pelo homem, e o que é pior: despreza-se a grandeza da dimensão do social que temos e somos.

Neste esforço, cada Maçom deve crer em si próprio, conhecer sua efetiva capacidade de ser útil e contribuir para a edificação do social em sua dimensão maiúscula do coletivo integrado e coeso, de modo que cada componente da sociedade a pertencemos, independente de condição social, pense e atue do mesmo modo.

A **resposta**, portanto, está nas nossas mãos, nas atitudes que tomarmos, no trabalho que realizarmos no presente, para edificar o futuro. É uma tarefa verdadeiramente revolucionária. A responsabilidade é nossa. Urge assumi-la em honra e glória ao passado.

Bibliografia

Cerimônias Exactas da Arte Maçônica, Londres, 1920.
Ritual Loja de York, 117, 1994.
Idem, Grande Oriente de São Paulo, 1977.
Dicionário de Filosofia, Nicola Abbagnano, Ed. Mestre Jou, SP, 1970.
Dicionário, Nicola Aslan.
Dicionário, Alec Mellor, Martins Fontes Editora, SP.
Livro Maçônico do Centenário, O. Bastos, 1922.
Pequena Enciclopédia Maçônica, O. M. Bastos, O Malhete, 1952.
Ética Profissional, 1982, Wilson Veado.
Filosofia da Maçonaria, Johann Gottlieb Fichte, Ed. A Fraternidade, SP, 1884.
Encíclicas Papais.

[illegible]

[illegible]

[illegible]

A Bibliografia em Textos Maçônicos

Irm∴ Milgar Camargos Loureiro[1]
Maria Aparecida Santos Soares[2]

O crescente interesse, de Maçons e leigos, pelo estudo da Maçonaria, é de tal magnitude que este já constitui uma disciplina científica autônoma, a **MAÇONOLOGIA** e seus cultores, os **MAÇONÓLOGOS** (Benimeli e Alberton, 1991). Tanto assim é, que, desde 1945 existiam 36 LOJAS constituídas exclusivamente de estudantes universitários: na Austrália (3), Canadá (3), Estados Unidos (3), Inglaterra (24) e Irlanda (3) (Lojas Universitárias, 1976). Até mesmo teses sobre MAÇONOLOGIA estão sendo defendidas em universidades estrangeiras (Benimeli e Alberton, 1991: Ferreira, 1982).

Para que o estudo da MAÇONOLOGIA possa ser difundido, mister se faz que sua literatura se torne acessível a um público cada vez maior. Todavia, algumas barreiras dificultam a pesquisa bibliográfica maçônica, a saber:

a) Dificuldade ou inacessibilidade às Obras Maçônicas. As livrarias das cidades interioranas, com raríssimas exceções, têm livros maçônicos à disposição do público. Este, na maioria das vezes, adquire obras diretamente de livrarias das capitais ou via Correios e Telégrafos.

b) Dificuldade ou inacessibilidade às obras de referências, tais como as de Benimeli (1978), Neves [198-] e Prober (1982).

c) Qualidade e quantidade de editoras. Das que publicam livros maçônicos, somente no Brasil, o seu número ultrapassa a três dezenas. Algumas editoras não fazem constar em seus livros o ano de suas respectivas publicações. Excepcionalmente, encontra-se livro

(1) Mestre Maçom Loj∴ Simb∴ "Acácia Viçosence"
(2) Bibliotecária, Cunhada. Loj∴ Simb∴ "Solidários da Liberdade"

maçônico com ficha catalográfica nele impressa (Ambelain, 1990, Benimeli, Caprile, Alberton, 1991, Grunupp, 1984, Hortal, 1993, Kloppenburg, 1995, Linhares, 1992, Lasmar, 1995, Ribeiro, 1991, Santiago, 1992 e 1993, Push, 1993).

d) Diversidade de assuntos em múltiplos periódicos. No Brasil, circularam 454 publicações maçônicas (Prober, 1982), atualmente circulam cerca de cinco dezenas.

e) Carência de bibliografia adequada. Na maioria dos livros e dos artigos de periódicos, a bibliografia contém referências bibliográficas incompletas, não permitindo a identificação ou localização da obra citada. Noutros livros e artigos de periódicos nem bibliografia apresentam, apesar das razões pelas quais se devem incluir referências bibliográficas no corpo do trabalho maçônico, tais como:

- Indicar ao leitor onde encontrar mais informes sobre a matéria;
- dar o crédito que merecem outros autores que trabalharam no mesmo assunto;
- estabelecer prestígio pessoal e dar autoridade ao trabalho, demonstrando que a literatura sobre a matéria foi consultada e estudada e
- evitar suspeita de que a matéria seja copiada.

f) Inexistência de normalização das referências bibliográficas. Tal fato é corriqueiro entre diferentes periódicos, entre artigos constantes de um mesmo periódico, entre livros publicados pelas editoras nacionais e até nos de uma mesma casa publicadora.

Destarte, é submetida à judiciosa apreciação dos autores e editores maçônicos, a sugestão de se normalizar as referências bibliográficas segundo as normas da ASSOCIAÇÃO BRASILEIRA DE NORMAS TÉCNICAS (ABNT). No Brasil, a normalização de referências bibliográficas é uma das funções da ABNT.

A Norma NB-66/1989 trata de Referências Bibliográficas, fixando condições exigíveis pelas quais devem ser referenciadas as monografias (livros, folhetos, tese etc.) e seriados (jornais, revistas, etc.). Exemplos de referências bibliográficas, mencionados a seguir, indicam os elementos destas referências, padronizadas em sua apresentação.

1. MONOGRAFIA CONSIDERADA NO TODO

Autor	CHARLIER, René Joseph
Título	Mosaico Maçônico

Imprenta (cidade, editor, ano de publicação)	Londrina: "A TROLHA", 1995
Edição	2.ed.
Número de páginas ou volume	233 p.
Série ou coleção	(Biblioteca do Maçom, 27)

Ex.: CHARLIER, René Joseph. Mosaico Maçônico. 2.ed. Londrina: "A TROLHA", 1995. 233 p. (Biblioteca do Maçom, 37).

2. MONOGRAFIAS CONSIDERADAS EM PARTE (COLABORAÇÃO EM OBRAS COLETIVAS, ATAS DE CONGRESSO, CAPÍTULOS, ETC.)

2.1 Partes de monografias, com título.

Autor da parte referenciada	STEHL, Jean-Sébastiens
Título da parte referenciada	Franco-Maçons – A volta com força
Autor (editor, organizador, etc.) da publicação, precedido por In:	In: COSTA, Frederico Guilherme
Titulo da publicação no todo	Maçonaria: um estudo de sua história
Imprenta	Londrina: "A TROLHA", 1991.
Número das páginas referenciadas precedido por p.	p. 161-168
Coleção ou série	(Biblioteca do Maçom, 12)

Ex.: STHEL, Jean-Sébastiens. Franco-Maçons – A volta com força – In: COSTA, Frederico Guilherme. Maçonaria: um estudo de sua história. Londrina: "A TROLHA", 1991. p. 161-168 (Biblioteca do Maçom, 12)

2.2 Colaboração em obras coletivas.

Autor da parte referenciada	ALBERTON, Valério
Título da parte referenciada	Panorama atual da Maçonaria no mundo
Referência da publicação no todo precedida de In:	In: CONGRESSO INTERNACIONAL MAÇÔNICO DE HISTÓRIA E GEOGRAFIA, 1981, 1, Rio de Janeiro. Anais... Rio de Janeiro: Academia Brasileira Maçônica de Letras, 1981, v.3, p. 159-162.

Ex.: ALBERTON, Valério, Panorama atual da Maçonaria no mundo. In: CONGRESSO INTERNACIONAL MAÇÔNICO DE HISTÓRIA E GEOGRAFIA, 1981, 1, Rio de Janeiro. Anais... Rio de Janeiro: Academia Brasileira Maçônica de Letras, 1981, v.3, p. 159-162.

3. SERIADOS

3.1 Artigos de revistas, periódicos, etc.

Autor do artigo	FERNANDES, Umberto
Título do artigo	Planejamento de uma Loja Maçônica
Título do periódico	"A TROLHA"
Cidade da publicação	Londrina
Número do volume, do fascículo, página inicial e final do artigo	v.23, n.67, p.18-19
Ano do fascículo	1994

Ex.: FERNANDES, Umberto. Planejamento de uma Loja Maçônica. "A TROLHA", Londrina, v.23, n.87, p.18-19, 1994.

3.2 Artigos de jornais.

Autor do artigo	MARIA, Nícia
Título do artigo	Maçonaria vai voltar a aceitar mulheres
Título do jornal	O Globo
Cidade de publicação	Rio de Janeiro
Data (dia, mês, ano)	29. nov. 1992
Número ou título do caderno, seção, suplemento	O País
Páginas do artigo referenciado	p. 12

Ex.: MARIA, Nícia. Maçonaria vai voltar a aceitar mulheres. O Globo, Rio de Janeiro, 29. nov. 1992. O País p.12.

4. REGRAS GERAIS

4.1 Os elementos de uma referência devem ser retirados, sempre que possível, da folha-de-rosto ou de outras fontes equivalentes.

Ex.: CASTELLANI, José, CARVALHO, Francisco de Assis. O Mestre secreto. Londrina: "A TROLHA", 1991. 218p. (Cadernos de Estudos Maçônicos, 14).

Na capa deste livro os nomes dos autores são Assis Carvalho e José Castellani, porém, na folha-de-rosto estão citados na ordem do exemplo.

4.2 Deve-se usar uma forma consistente de pontuação para todas as referências de uma bibliografia. O nome do autor, o título da obra, a edição, a imprenta e as notas tipográficas devem ser separadas entre si por pontuação uniforme.

Ex.: ROCHA, Lysis Brandão da. Coletânea Maçônica. Juiz de Fora: Cave, 1987. 141 p.

4.3 Emprega-se vírgula entre o sobrenome e o nome do autor, pessoa física, quando invertido.

Ex.: SANTOS, Sebastião Dodel dos. Dicionário ilustrado de Maçonaria. Rio de Janeiro: Essinger, 1984. 268 p.

4.4 Ligam-se por hífen as páginas inicial e final da parte referenciada, bem como as datas limites de um determinado período de publicação.

Ex.: FAGUNDES, Morivalde Calvet. A Maçonaria e a independência nas Américas. Cadernos de Pesquisas Maçônicas, Londrina, n. 5, p.49-52, 1993.

ASLAN, Nicola. Grande dicionário enciclopédico de Maçonaria e simbologia. Rio de Janeiro: Artenova, 1974-1976. 4 v.

4.5 Ligam-se por barra transversal os elementos do período coberto pelo fascículo referenciado.

Ex.: FERREIRA, Tito Lívio. A Maçonaria estudada nas universidades. A Gazeta Maçônica, São Paulo, v.15, n.3/4, p.6, 1982.

4.6 Emprega-se o versal, nos sobrenomes dos autores individuais, nos nomes de entidades coletivas e na primeira palavra do título, quando constituírem a entrada da referência.

Ex.: HORNE, Alex. O templo do rei Salomão na tradição maçônica. 3.ed. São Paulo: Pensamento, 1991. 280 p.

ASSOCIAÇÃO BRASILEIRA DE NORMAS TÉCNICAS. Referências bibliográficas. NB-66. Rio de Janeiro: 1989. 9 p.

LOJAS Universitárias. A Ordem Maçônica, São Paulo, v.3, n.13, p.8-9, 1976.

4.7 Em listas bibliográficas as referências devem ser numeradas construtivamente em ordem crescente.

Ex.:

273. RIGHETTO, Armando. Maçonaria, uma esperança. Londrina: "A TROLHA", 1994. 160 p. (Biblioteca do Maçom, 20)

274. _____Maçons e Maçonaria. 2.ed. Londrina: "A TROLHA", 1994. 142 p. (Biblioteca do Maçom, 1)

4.8 Indica(m)-se o(s) autor(es) físico(os) pelo sobrenome paterno seguido do(s) prenome(s).

Ex.: VASCONCELOS, Marilusa Moreira. Aleijadinho – iconografia maçônica –. São Paulo: Espírita Radhu, 1988. 126 p.

4.9 Os nomes dos autores são transcritos tal qual figuram no trabalho referenciado; em bibliografia padroniza-se o nome do autor.

Assis Carvalho por CARVALHO, Assis (Francisco de Assis Carvalho)

Carvalho Neves por NEVES, Carvalho (Francisco das Chagas Carvalho Neves)

Ex.: CARVALHO, Assis (Francisco de Assis Carvalho). O Aprendiz Maçom. Londrina: "A TROLHA", 1995. 188 p. (Cadernos de Estudos Maçônicos, 24)

NEVES, Carvalho (Francisco das Chagas Carvalho Neves). Manual de planejamento do Trabalho Maçônico. 2.ed. Londrina: "A TROLHA", 1989. 212 p. (Cadernos de Estudos Maçônicos, 3)

4.10 Quando a obra tem até 3 (três) autores, mencionam-se todos na ordem em que aparecem na publicação.

Ex.: BENIMELI, José Antônio Ferrer, CAPRILE, Giovani, ALBERTON, Valério. A Maçonaria e a igreja católica, ontem, hoje e amanhã. 2.ed. São Paulo: Paulinas, 1983. 390 p.

4.11 Publicações constituídas com contribuições de vários autores, entram pelo responsável intelectual (coordenador, editor, etc.) se em destaque na publicação, seguido da palavra que caracteriza o tipo de responsabilidade, entre parênteses.

Ex.: ALENCAR, Renato (Coord.) Enciclopédia histórica do mundo maçônico. Rio de Janeiro: Maçônica, 1968 – 1970. 2 v.

4.12 As designações de JÚNIOR, SOBRINHO, NETO e FILHO devem ser indicadas após o último sobrenome, como parte integrante deste.

Ex.: PACHECO JÚNIOR, Walter. Guia da administração maçônica. Londrina: "A TROLHA", 1991. 206 p. (Cadernos de Estudos Maçônicos, 12)

SILVA SOBRINHO, Haniel. A palavra perdida. Boletim do Supremo Conselho do Brasil para o Rito Escocês Antigo e Aceito, Rio de Janeiro, v.31, n.196, p.47-48, 1995.

VAROLI FILHO, Theobaldo, Curso de Maçonaria Simbólica, 2º Grau, Companheiro. São Paulo: A Gazeta Maçônica, 1976. 151 p.

4.13 No caso de autoria desconhecida, entra-se pelo título usando versal para a primeira palavra.

O termo "anônimo" não deve ser usado como substituto para o nome do autor desconhecido.

Ex.: LOJAS universitárias. A Ordem Maçônica, São Paulo, v.3, n.13, p.8-9, 1976.

4.14 No caso de obra publicada sob pseudônimo, este deve ser usado na referência. Quando o verdadeiro nome for conhecido, é indicado entre colchetes, depois do pseudônimo.

Ex.: CH'AN, ISA [Kurt Prober]. Rito de York. Origem dos Graus de "Mark" e de "Royal Arch" (Real Arco). A Bigorna, Rio de Janeiro, n.34, p.1-6, 198.5.

PAPUS [Gerard Encausse]. O que deve saber o Mestre Maçom. São Paulo: Pensamento, 1979. 109 p.

4.15 O nome do autor de várias obras referenciadas sucessivamente deve ser substituído, nas referências após a primeira, por um travessão simples.

Ex.: XAVIER, Raymundo Francisco. O mar de bronze. Cadernos de Pesquisas Maçônicas, Londrina, n.1, p.137-159, 1989.

______ A Maçonaria e a proclamação da república. Cadernos de Pesquisas Maçônicas, Londrina, n.2, p. 103-115, 1990.

4.16 A fim de evitar a repetição do nome do autor, quando se referencia um capítulo de sua obra, o nome é substituído por um travessão, que precede o título.

Ex.: TEIXEIRA, Descartes de Souza. Sinopse da obra maçônica de Mozart. In: __ Mozart: vida, obra e suas relações com a Maçonaria. São Paulo: Traço, 1991. p. 123-152.

4.17 O título é reproduzido tal como figura no trabalho referenciado. Os subtítulos podem ser suprimidos, a não ser que forneçam informações essenciais sobre o conteúdo do trabalho.

Ex.: CAMINO, Rizzardo da. Introdução à Maçonaria – História Universal. 3.ed. Rio de Janeiro: Aurora [198-]. v.1 167 p.

_____ Introdução à Maçonaria – História da Maçonaria brasileira. 2.ed. Rio de Janeiro: Aurora, [198-]. v.2, 234 p.

_____ Introdução à Maçonaria – Farte filosófica. 2.ed. Rio de Janeiro: Aurora, [198-] v.3, 222 p.

4.18 A edição é indicada em algarismo arábico, seguido de PONTO e da abreviatura da edição no idioma da publicação.

2.ed. (edição, edicion, édition, edition, edizione)
2.Aufl. (Auflage)
2.ed.rev. (edição revista)
2.ed. rev. aum. (edição revista e aumentada)

Ex.: LYRA, Jorge Buarque. A Maçonaria e o Cristianismo. 5.ed. rev. aum. Rio de Janeiro: Aurora, [198-]. 542 p.

4.19 O nome da cidade deve ser indicado como figura na publicação referenciada. No caso de homônimos acrescenta-se o nome do país, Estado, etc.. Não sendo possível determinar a cidade, indica-se entre colchetes [S.l.] sine loco.

Ex.: ARAÚJO, Waldir Jacinto de. Manual de administração de Loja. 2.ed. Rio de Janeiro: Essinger, 1987.

4.20 O nome do editor deve ser gravado tal como figura na publicação referenciada, abreviando-se os prenomes e suprimindo os elementos designativos de natureza jurídica e comercial.

Aurora	e não	Gráfica Editora Aurora
Essinger	e não	Editora Essinger
“A TROLHA”	e não	Editora Maçônica “A TROLHA” Ltda.

Ex.: BURITY, Elvandro de Azevedo. A dinâmica dos Trabalhos em Loja Simbólica. Rio de Janeiro: Essinger, 1987. 104 p.

4.21 Quando o editor não é mencionado, pode-se indicar o impressor. Na falta de editor e impressor, indica-se, entre colchetes, [s.n.] sine nomine.

Ex.: BRUNO, Alci. A mulher na Maçonaria regular. Natal, [s.n.] 1995. 117 p.

4.22 O ano de publicação é sempre indicado em algarismos arábicos. Se nenhuma data de publicação, distribuição, “copyright”, impressão, etc., puder ser determinada, registre uma data aproximada entre colchetes.

[1931 ?] data provável [18—] século certo

[da. 1957] data aproximada [18— ?] século provável
[198-] década certa
Ex.: BARROS, Zilma de Paula. Maçonaria para profanos e Neófitos. 3.ed. Rio de Janeiro: Mandarino, [198-]. 131 p. (Maçonaria Universal, 6)

4.23 Quando a publicação só tem um volume, indica-se o número de páginas seguido da abreviatura p.
Ex.: FICHTE, Johann Gottlieb. Filosofia da Maçonaria. São Paulo: A Fraternidade, 1984. 197 p.

4.24 Quando a publicação tem mais de um volume, indica-se o número destes seguido da abreviatura v.
Ex.: CARVALHO, Assis (Francisco de Assis Carvalho). Ritos & Rituais. Londrina: "A TROLHA", 1993. 3 v. (Cadernos de Estudos Maçônicos, 18, 19, 20).

Bibliografia Citada

1. AMBELAIN, Robert. A Franco-Maçonaria: origem, história, influência. São Paulo: IBRASA, 1990. 224p. (Gnose, 28)
2. ASSOCIAÇÃO BRASILEIRA DE NORMAS TÉCNICAS. Referências bibliográficas. NB-66. Rio de Janeiro, 1989. 9p.
3. BENIMELI, José Antônio Ferrer. Bibliografia de la Masoneria. 2.ed. Madrid: Fundacion Universitária Espanhola, 1978. 603 p.
4. BENIMELI, José Antônio Ferrer, ALBERTON, Valério. Gafes e mancadas antimaçônicas. Londrina: "A TROLHA", 1991. 182 p. (Biblioteca do Maçom, 11)
5. BENIMELI, José Antônio Ferrer, CAPRILE, Giovani, ALBERTON, Valério. Maçonaria e Igreja Católica: ontem, hoje e amanhã. 3.ed. São Paulo: Paulinas, 1983. 256 p.
6. FERREIRA, Tito Lívio. A Maçonaria estudada nas universidades. A Gazeta Maçônica, São Paulo, v.15, n.3/4, p.6, 1982.
7. GRUNUPP, George. Conheça a Maçonaria do Brasil. São Paulo: A Gazeta Maçônica, 1984. 156 p.
8. HORTAL, Jesus. Maçonaria e Igreja: conciliáveis ou inconciliáveis? São Paulo: Paulinas, 1993. 95 p. (Estudos da CNBB, 66)
9. KLOPPENBURG, Boaventura. Igreja e Maçonaria, conciliação possível? 2. ed. Petrópolis: Vozes, 1995. 272 p.

10. LASMAR, Jorge. Hypólito da Costa Pereira Furtado de Mendonça.....e a Maçonaria. Belo Horizonte: Bathânea, 1995. 208 p.
11. LINHARES, Marcelo. História da Maçonaria. Londrina: "A TROLHA", 1992. 190 p. (Biblioteca do Maçom, 15)
12. LOJAS universitárias. A Ordem Maçônica, São Paulo, v.3, n.13, p.8-9, 1976
13. NEVES, Carvalho (Francisco das Chagas Carvalho Neves). Acervo maçônico em bibliotecas públicas. Prancha Cultural, Teresina, n.69, p. ,[198-]
14. RIBEIRO, Francisco de Assis. Maçonaria: esoterismo, evolução, Belo Horizonte: Imprensa Oficial, 1991. 140 p.
15. PROBER, Kurt. A imprensa maçônica brasileira. Rio de Janeiro: Kurt Prober, 1982. 100 p.
16. SANTIAGO, Marcos Henrique de Almeida. Maçonaria: história e atualidade. Londrina: "A TROLHA", 1992. 212 p. (Biblioteca do Maçom, 16)
17. Temas para reflexão do Mestre Maçom. Londrina: "A TROLHA", 1993. 196 p. (Biblioteca do Maçom, 23)
18. PUSH, Jaime. ABC do Aprendiz. 3. ed. rev. atual. Tubarão: Dehon, 1993. 174 p.

Aprendizado Maçônico

Irm∴ Paulo Adolpho Teixeira
Or∴ de Araras – SP

INTRODUÇÃO

A Maçonaria é uma escola de aperfeiçoamento, procurando oferecer a seus adeptos caminhos para a conquista do Conhecimento, maneira correta de chegar-se à Verdade, fonte da Perfeição. Como tal, tem através dos tempos recolhido, conservado e transmitido tudo o que a Humanidade produziu em termos de cultura e erudição, desde aspectos mitológicos e lendários, passando pelos filósofos, religiosos e científicos, sempre apoiada na tradição e nunca esquecendo a importância dos últimos avanços da ciência, visto ser uma instituição progressista. Ocasionalmente, gera informações próprias, embora não seja esta sua função primordial.

É a Maçonaria o repositório onde se pode buscar a cultura e erudição humanas, armazenadas por gerações através dos tempos. A transmissão de informações, recolhidas e conservadas pela instituição maçônica, obedece às leis que regulam a teoria do Conhecimento (Gnosiologia), com as particulares adaptações próprias ao método utilizado no aprendizado maçônico – o Método Iniciático.

AQUISIÇÃO DO CONHECIMENTO

A Gnosiologia proporciona a explicação de como o homem deve proceder para chegar ao Conhecimento e também a interpretação do conhecimento alcançado. Analisa a inteligência averiguando sua capacidade cognoscitiva e se a mesma é confiável. Sinteticamente, percebe-se que o aprendizado é o resultado do esforço desenvolvido para aprender.

O processo de aprendizado ocorre por duas modalidades:

1 – de modo rápido, súbito, quase imediatamente que se chama de **intuição**.

2 – de modo mais preciso e freqüentemente, que é a modalidade discursiva, em seus dois componentes: o método **dedutivo** e o método **indutivo**.

O método intuitivo de aprendizagem é concernente à intuição, ou seja, quando o objeto do estudo é percebido por um ato direto, imediato, do espírito, mostrando ser claro, evidente, axiomático. Intuir alguma coisa significa concluir sem intervenção do raciocínio.

A intuição é uma espécie de pressentimento, de instinto, pelo qual se descobre ou se adivinha o que é ou deveria ser; é a percepção ou conhecimento direto, imediato e claro da verdade, sem o auxílio do raciocínio.

A intuição ou aprendizado intuitivo tem diferentes modalidades. Pode agir simplesmente pela atividade natural dos sentidos, ou **intuição sensível**. Há uma **intuição intelectual**, que mediante o uso de elaborações reflexivas chega ao conhecimento de modo mais rápido.

Há também a **intuição emotiva**, que por muitos é conhecida como pressentimento. Há também a somatória de todas as anteriores, que é a **intuição integral**.

O método discursivo é o que oferece resultados mediatos e tardios mais seguros, fazendo do caminhar do desconhecido para o conhecido um processo contínuo e integrado, utilizando-se de conhecimentos prévios que levam ao até então desconhecido.

Através de suas duas modalidades, a indução e a dedução, usando o silogismo como o caminho lógico do aprendizado, leva o estudioso até a conclusão final empregando raciocínio, ou seja, a razão como elemento básico do aprendizado.

A dedução é o modo de raciocínio em que se parte de uma causa para seus efeitos, de um princípio para as conseqüências, do geral para o particular.

A indução é a maneira de raciocinar, que consiste em tirar uma conclusão geral de fatos particulares, que se reproduzem constantemente. Sendo estas as maneiras pelas quais todo e qualquer tipo de conhecimento é adquirido, todos os métodos pedagógicos devem, obrigatoriamente, utilizar-se de qualquer um deles ou de todos, associadamente. São estes, portanto, os métodos que devem ser empregados para o estudo de qualquer ciência, ofício ou arte que possa interessar ao intelecto. Conclui-se, por via de conseqüência, que também para o estudo da Maçonaria, deverão ser utilizados.

APRENDIZADO MAÇÔNICO

A Maçonaria ensina a seus adeptos através de método didático próprio, o **Método Iniciático**. Nele, o pressuposto básico é que o aluno tenha passado pela Iniciação, cerimônia ritualística a que têm acesso candidatos que demonstram apresentar determinadas condições morais, devendo vencer provas que lhes são propostas, sejam físicas ou intelectuais.

É a Iniciação, um **Rito de passagem**, intervindo em épocas importantes da vida dos indivíduos. Nas sociedades tradicionais, a educação era conferida através da via iniciática, tudo se passando como se o Iniciado nascesse outra vez, criando nele um estado de submissão e receptividade, levando-o a repetir provas de heróis míticos tomados como modelo arquetípo, conduzindo o candidato à morte seguida de renascimento para um novo modelo e vida. Na sociedade moderna, atual, não mais existem as condições encontradas antigamente, sendo a educação conduzida mais em direção ao Saber que ao Poder (no sentido de poder sobre si mesmo).

Em conseqüência, o homem da sociedade moderna por seu espírito de análise torna-se partícipe das técnicas e dos conhecimentos da ciência, tentando chegar à denominação dos fenômenos naturais, descurando porém de obter o poder sobre si mesmo.

No entanto, mesmo dentro da sociedade atual, sofre o homem sucessivas iniciações, repetindo ritos de passagem de modo mais velado que nas sociedades tradicionais.

Tal ocorre, por exemplo, na passagem da infância para a juventude e a idade adulta, na aceitação entre os mais velhos do grupo social, no reconhecimento da capacidade de participar das discussões e decisões sobre os destinos do grupo social, no ingresso aos níveis mais elevados do aprendizado e da instrução, entre outras.

Na verdade contemporânea, os cerimoniais de iniciação estão bastante apagados, quase imperceptíveis, porém seus vestígios podem ser detectados; a sociedade moderna aboliu os caracteres e ritualísticos encontrados nas antigas iniciações tradicionais.

O método iniciático, pressupondo a necessidade da Iniciação, utiliza do modelo mítico da morte seguida de renascimento, do preparo do candidato para a compreensão do Homem Integral, do conhecimento do Eu interior, do uso da simbologia para penetrar nos mistérios dos arquétipos.

Nos dias atuais, somente instituições de caráter fechado, das quais a Maçonaria é o exemplo mais marcante, utilizam esse método didático.

Outra característica do Método Iniciático é o de ser o aprendizado fornecido através da ascensão a diferentes estágios do conhecimento, de acordo com o valor e capacidade do postulante, sendo vedado o acesso ao estágio imediatamente superior, antes que se tenha certeza de que o tempo do estágio foi completado e o aprendizado foi satisfatório. Não há saltos no crescer dos estágios, a passagem é sempre ordenada, gradual e ascendente, precedida de provas que demonstram o perfeito domínio do estágio em curso.

O aprendizado maçônico é baseado no estudo e desvendar de Símbolos e alegorias. Exigindo que o postulante ao aprendizado tenha passado pela Iniciação, utiliza de Símbolos e alegorias para que os ensinamentos sejam compreendidos por quem tenha condições de compreendê-los, quaisquer que sejam suas origens culturais, sociais e religiosas, independentemente de seus Graus de erudição, garantindo a preservação e transmissão através de gerações, mantendo a universalidade e perenidade da cultura maçônica.

Símbolo (do grego sumbolon, sinal de reconhecimento formado por duas metades de um objeto quebrado que tornam a se juntar) é a representação analógica relacionada com o objeto considerado.

Difere conceitualmente de Alegoria (do grego allêgoria, traduzido literalmente por falar do outro modo). São exemplos de alegorias: apólogo (apo = sobre; logos = discurso) uma alegoria moral; parábola (do grego parabolê, significando a comparação), um alegoria religiosa.

Ainda dentro desses conhecimentos preliminares lembrar que **Emblema** (do latim emblema = ornamento que se usa) é a representação simples de uma idéia: a raposa representa a astúcia, o boi, a força, etc.

Por sua própria conceituação, o símbolo é mais amplo, mais abrangente, estando relacionado com a extensão dos conhecimentos prévios de quem o estuda, sendo considerado em 4 sentidos: literal, alegórico, moral e místico.

Em relação à Maçonaria, o Símbolo é presente em todas as lições, é verdadeira ciência com regras precisas e com princípios originados do mundo dos arquétipos. Estudando os Símbolos, através dos sentidos alegóricos, moral e místico, poderemos chegar ao conhecimento do esoterismo (ensino secreto) e se os interpretarmos em seu significado literal, chegaremos ao esoterismo (ensino público).

O estudo do simbolismo utiliza de métodos didáticos importantes, concernentes à imaginação, à intuição, à criação e à invenção. O ensino racional e científico usa de princípios fundamentais para a transmissão de suas lições. Estes princípios fundamentais do racionalismo apresentam relações com os métodos didáticos dos estudos simbólicos, tal como se demonstra a seguir.

1 – Princípio da Causalidade – para os racionalistas, todo efeito tem uma causa, logo, poderemos chegar às causas estudando seus efeitos (método indutivo).

Porém, as causas primeiras estão muitas vezes além do processo de raciocínio.

Para o simbolismo, o objeto do estudo é a criação primeira ou inicial; cria-se "nomeando", "modelando", etc.

Ao princípio da causalidade, o estudo simbólico antepõe o da **criatividade.**

2 – Princípio da Compatibilidade – a causalidade exclui a contradição, ou seja, um mesmo enunciado não pode se aplicar a duas coisas opostas ou incompatíveis. O estudo simbólico admite a coexistência dos contrários: uma coisa pode ser isto mesmo parecendo ser aquilo. O ensino simbólico visa resolver as contradições do mundo das aparências e levar à descoberta da realidade, resolvendo as contradições, englobando-as.

3 – Princípio da Separação dos Fatores – no método experimental somente se pode mudar um componente da experiência por vez e observar as conseqüências que ocorreram no resultado final (princípio da causa/efeito). Para o estudo simbólico a relação entre dois fatores nunca é fortuita, mesmo que a relação lógica entre eles mostre o contrário. Aqui, o princípio básico é o de que não podemos separar os fatores sem transformar a realidade. Ao princípio da separação de fatores, o simbolismo opõe o princípio de relação entre todas as coisas.

4 – Princípio da Dedução (Silogismo) – o método simbólico não aplica rigorosamente o silogismo, dando mais valor às relações de correspondência.

Obrigatoriamente, a repetição de um mesmo gesto ou atitude não recria a idéia ou sentimento inicial. Esta regra, procedente dos conceitos de magia, está na base dos processos iniciáticos.

Ao método lógico do simbolismo, a simbologia apresenta maneiras de relação entre as coisas de modo diferente ao da lógica racionalista. Ao princípio dedutivo, a simbólica contrapõe o **princípio das correspondências**.

O ensino científico considera os acontecimentos medidos dentro do conceito de tempo linear, histórico e irreversível, não podendo ocorrer outra vez. O estudo simbólico admite que um acontecimento pode ter uma característica primordial: tendo sido produzido "no começo dos tempos", poderá ser reiterado, principalmente sempre que houver idéia de comemoração desse acontecimento primordial. Introduz assim, o conceito de tempo cíclico oposto ao conceito de tempo linear, antepondo ao conceito de tempo histórico o de tempo anti-histórico, ao conceito de tempo profano o de tempo sagrado.

Com a utilização deste princípio, através de linguagem própria – a linguagem simbólica – o estudo simbólico leva ao iniciado buscar o conhecimento que transcende ao já obtido, através dos métodos clássicos de aprendizado. Se no estudo simbólico o método dedutivo (silogismo) não tem aplicação rigorosa, sendo substituído pelo princípio das correspondências, o princípio intuitivo é bastante simpático ao método iniciático.

Conjugado com a imaginação e lançando mão dos outros princípios já descritos, propicia ao Aprendiz, método de estudo que lhe permitirá desvendar e compreender os significados ocultos dos diferentes Símbolos apresentados à sua perquirição.

É necessário que se recorde que o estudo do simbolismo tem suas regras próprias de aprendizado, usa de linguagem própria (linguagem simbólica), fala através da língua sagrada e não profana, tendo por objetivo principal a obtenção do Conhecimento de si próprio e não do saber e do Poder sobre si mesmo e não sobre o mundo e seus semelhantes.

CONCLUSÃO

As sociedades antigas, tradicionais, conferiam a educação através da via iniciática, centrando o objetivo do ensino no conhecimento de si próprio e no poder sobre si mesmo.

A sociedade moderna, através do ensino racionalista, ensina o saber e não o conhecimento de si próprio levando o homem não iniciado a conhecer a separação das variáveis do aprendizado, a desenvolver o espírito de análise e, através da técnica, buscar o domínio da natureza e de seus semelhantes.

O homem moderno foi afastado da via tradicional do aprendizado, distanciou-se do estudo do mundo do espírito por não ter mais acesso ao método iniciático. É-lhe vedada a porta de entrada para a via iniciática, já que não mais passa pelo processo de iniciação.

Nos dias atuais, somente a Maçonaria concede essa via de conhecimento oferecendo, através da Iniciação Maçônica, a chave para que seus membros possam alcançar o significado profundo do saber simbólico. A utilização do ensino iniciático pelo Magistério Maçônico abre ao homem moderno a oportunidade de aprender a conhecer-se melhor, ter poder sobre sua consciência, reconstruir-se internamente, buscar a perfeição. Não se trata aqui de querer substituir o ensino moderno pelo método iniciático tradicional, mas sim de mostrar que o homem culto e erudito do mundo profano, terá pelo viés da Iniciação Maçônica, acesso a fontes de aprendizado que irão torná-lo melhor preparado.

A Maçonaria é hoje uma das últimas, senão a última, das sociedades tradicionais com a faculdade de, iniciando seus adeptos, dar-lhes o conhecimento simbólico e iniciático que os transformará e os conduzirá à busca da perfeição.

A Arte Real lhes abrirá as portas da simbólica através do Método Iniciático, e o Conhecimento será alcançado pelo esforço pessoal do adepto, levando-o a criar uma nova alma por ele mesmo.

Bibliografia

1 – Battal, M. M. – Lições de Filosofia Geral e Maçônica. Editora A Gazeta Maçônica S. Paulo.

2 – Boucher, J. – A Simbólica Maçônica. Editora Pensamento. S. Paulo.

3 – Berteaux, R. – La Voie Symbolique. Editions EDIMAF, Paris, 1992.

4 – Berteaux, R. – La Symbolique au Grade d'Apprenti. Editions EDIMAF. Paris, 1986.

5 – Fichte, J. G. – Filosofia da Maçonaria. Editora A Fraternidade. S. Paulo. 1984.

6 – Guénon. R. – Os Símbolos da Ciência Sagrada. Editora O Pensamento. S. Paulo.

[illegible]

Tolerância Doméstica

Irm∴ João Baptista Moraes de Oliveira
Or∴ de Assis – SP

As divisas da Maçonaria, como todos sabemos, são: Liberdade, Igualdade e Fraternidade, a cujos princípios devemos acrescentar outros dois: a Solidariedade e a TOLERÂNCIA.

Vamos neste pequeno ensaio destacar a TOLERÂNCIA e tecer alguns comentários que consideramos interessantes.

Segundo o dicionário Aurélio, TOLERÂNCIA é a tendência que nos leva a admitir modos de pensar, de agir e de sentir de um indivíduo ou grupos determinados, com opiniões divergentes da nossa.

Ao MAÇOM, desde seu ingresso na ORDEM, é proclamado de forma incessante o exercício da TOLERÂNCIA, sendo esta empregada por inúmeras vezes de forma excessiva, atravessando seus limites, chegando até as raias da CONIVÊNCIA, da PERMISSIVIDADE, tão prejudiciais quanto a INTOLERÂNCIA, e que acaba por beneficiar "AQUELES" que não deveriam estar entre nós.

Mas será que a TOLERÂNCIA está sendo exercitada adequadamente em nossos lares???. Se alguma mudança for observada ou notada no comportamento do MAÇOM, a primeira e principal testemunha será seguramente a sua própria esposa, nossa Cunhada. Ela imediatamente SENTIRÁ essa modificação de comportamento através do exercício da TOLERÂNCIA.

Segundo os antropólogos, o ser humano vem assistindo à gradual decadência da Instituição do CASAMENTO. O matrimônio vem passando por um processo de esvaziamento, representado pelo excepcional e crescente número de separados e divorciados. Na última Pesquisa Nacional Por Amostra De Domicílio do I.B.G.E., constatou-se tristemente a existência de 6,1 milhões de brasileiros separados e divorciados. imaginem então, o número de filhos suportando essa situação.

O relacionamento amoroso na atualidade, em grandes números,

é de pouca duração, dando-nos a impressão que os noivos se casam sabendo de forma antecipada, que essa UNIÃO possivelmente não terá durabilidade. Isto, meus Irmãos, quando se casam...

A conquista de espaços no mercado de trabalho, pela mulher, contribui acentuadamente para a elevação do número de divorciados. Antropólogos voltam a afirmar que esposas com independência econômica são muito menos tolerantes com os problema do casamento, que outras dependentes do marido.

Uma boa dose de humildade e tolerância é essencial para se manter esse relacionamento. A permuta de carinhos e palavras afetuosas é necessária. Consideramos a TOLERÂNCIA o fator preponderante para a estabilidade conjugal e se esta, porventura, não for observada, estará fatalmente periclitando o relacionamento matrimonial.

Ocorrendo a separação ou divórcio no LAR MAÇÔNICO poderá acontecer uma situação constrangedora perante a Loja e os Ilrm∴. Como deverá ser tratada a nossa CUNHADA, separada ou divorciada, em cuja residência os Ilrm∴ ENTREVISTADORES foram gentilmente recepcionados quando pleiteavam a sua ANUÊNCIA a fim de que se viabilizasse o ingresso de seu marido, então candidato, à nossa Sublime Instituição??? Qual o tratamento que devemos dispensar a ela? E se for participante ativa na FRATERNIDADE FEMININA? Como fica? E a nova companheira do Irmão, se isto acontecer, qual o tratamento que ela deverá receber?

Esse assunto exige muita reflexão e providências legais cabíveis.

Meus Irmãos, o matrimônio, a família, a Instituição do casamento, são elementos essenciais para a ESTABILIDADE social e psicológica do indivíduo. Preservemos pois, nossas famílias bem agregadas, utilizando-nos cotidianamente da humildade e da TOLERÂNCIA DOMÉSTICA em todos os momentos de nossa vida.

BOCA... COVIL DA LÍNGUA

Boca, com seus lábios de fora,
Acomodar a língua incorrigível,
Açoitando o palato como espora,
Pensamento, a controlar se possível...
Boca bendita que deseja beijar,
Boca faminta que busca alimento,
Ao nosso débil físico sustentar,
E viver irreal e triste desalento...
Boca encarnada, e seus dentes alvos,
De más línguas estaremos salvos?
Boca vil, grandes males permitidos...
Boca santa com mensagens de esperança,
Os humildes, pela fé que sempre alcança,
Ao hálito de DEUS, serão eles escolhidos...

O Melhor Templo é o Coração

Irm∴ João Alves da Silva
Or∴ de Maceió – AL

Trago para este III Encontro de Membros Correspondentes da Loja Maçônica "Fraternidade Brasileira" de Estudos e Pesquisas a afirmativa de que **O MELHOR TEMPLO É O CORAÇÃO**.

Se Deus é uma fonte geradora de energia à qual todos nós podemos nos ligar, desde que estejamos preparados para isso, o que equivale dizer que Deus está em toda parte, "é somente no imo do coração que se deve elevar, neste caso, o mais belo Templo de Devoção; qualquer outra coisa não seria mais que ostentação profunda". O trecho, entre aspas, é de Blavatsky, teósofa, autora da Doutrina Secreta e de muitos outros bons livros.

Os autores Maçons não tinham Templo, reuniam-se nas cavernas, mas tinham Rituais; sempre foram místicos. Os Templos surgiram depois com as construções das igrejas gregas ou romanas cujas abóbadas são pintadas de azul celeste e juncadas de estrelas para representar a abóbada celestial. Isso foi copiado dos templos egípcios, onde o Sol e as Estrelas eram adorados. A mesma homenagem é feita ainda no Oriente, como na época do paganismo, pela arquitetura cristã e maçônica.

O Sol era designado "princeps porta", a porta do mundo, e de "Rei de Glória"; é a porta do Oriente, de frente para Este em todos os Templos ou Igrejas. É por essa "porta de vida", e via Solene por onde entra diariamente a luz para o quadrado oblongo da terra ou tabernáculo do Sol, que o recém-nascido é levado às fontes batismais. É a esquerda do edifício – o Norte sombrio donde parte os "aprendizes" e onde os candidatos passam pela prova da água – que as pias batismais são colocadas hoje em dia, e onde se achavam, na antiguidade, as piscinas de água lustral, tendo sido as igrejas antigas templos pagãos. Os altares da Lutécia pagã foram enterrados e reencontrados sob o coro da igreja de Notre Dame de Paris, onde ainda hoje existe o poço onde era conservada a água lustral, Quase todas as grandes e antigas igrejas do continente, anteriormente à Idade Média, primitivamente eram templos pagãos ou foram construídas no mesmo lugar, em conseqüência das ordens dadas pelos Bispos e Papas romanos. Gregório, o Grande, assim dá suas ordens ao frade Agostinho, seu missionário em Inglaterra: "Destrua os ídolos. Jamais os Templos. Borrifa-os de água benta, coloque-lhes relíquias, e que os povos os adorem nos lugares onde têm o hábito de o fazer".

O Cardeal Baronius confessa nos seus Anais do ano XXXVI: foi permitido à Santa Igreja **apropriar-se dos ritos e cerimônias utilizadas pelos pagãos no seu culto idólatra, pois que a Igreja os regeneraria pela sua consagração**.

Nas "antiguidades gaulesas" de Fanchet, lemos que os Bispos de França adotariam e usariam as cerimônias pagãs a fim de converter os pagãos ao cristianismo. Isto se passou quando a Gália era ainda um país pagão. Os mesmos ritos e as mesmas cerimônias, em uso hoje em dia na França cristã e em outras nações católicas, serão realizadas num espírito de gratidão e reconhecimento aos pagãos e seus deuses?

Até o século IV, as igrejas não possuíam altares. Até então, o altar era uma mesa colocada no meio do templo para uso da comunhão ou repasto fraternal (a Ceia, como Missa era, em sua origem, celebrada à noite). Igualmente, hoje em dia, a mesa é posta na "Loja" para os banquetes maçônicos no final das atividades da Loja, nos quais os Hiram Abi ressuscitados, os "filhos da viúva", enobrecem os seus brindes pelo "fining", uma forma maçônica de transubstanciação. Chamaremos também de altares às mesas de seus banquetes? Por que não? Os altares foram copiados da ARA Máxima de Roma pagã. Os latinos colocaram pedras quadradas e oblongas perto de seus túmulos e as chamavam **ARA**, altar; eram consagradas aos deuses dos lares e aos Manes.

As afirmações supras não foram tiradas de Rituais Maçônicos, mas do livro **As Origens do Ritual na Igreja e na Maçonaria**, de autoria de Blavatsky. A teologia não é idolatria e muito menos ateísmo.

A Teologia não devia se opor a ela, vez que a Igreja conserva muito paganismo.